新潟怪談

石動充徳
樋口雅夫
湯本泰隆
堀川八雲
堀内圭
撞木
戸神重明

竹書房
怪談
文庫

※本書は体験者および関係者に実際に取材した内容をもとに書き綴られた怪談集です。体験者の記憶と主観のもとに再現されたものであり、掲載するすべてを事実と認定するものではございません。あらかじめご了承ください。

※本書に登場する人物名は、様々な事情を考慮してすべて仮名にしてあります。また、作中に登場する体験者の記憶と体験当時の世相を鑑み、極力当時の様相を再現するよう心がけています。今日の見地においては若干耳慣れない言葉・表記が記載される場合がございますが、これらは差別・侮蔑を助長する意図に基づくものではございません。

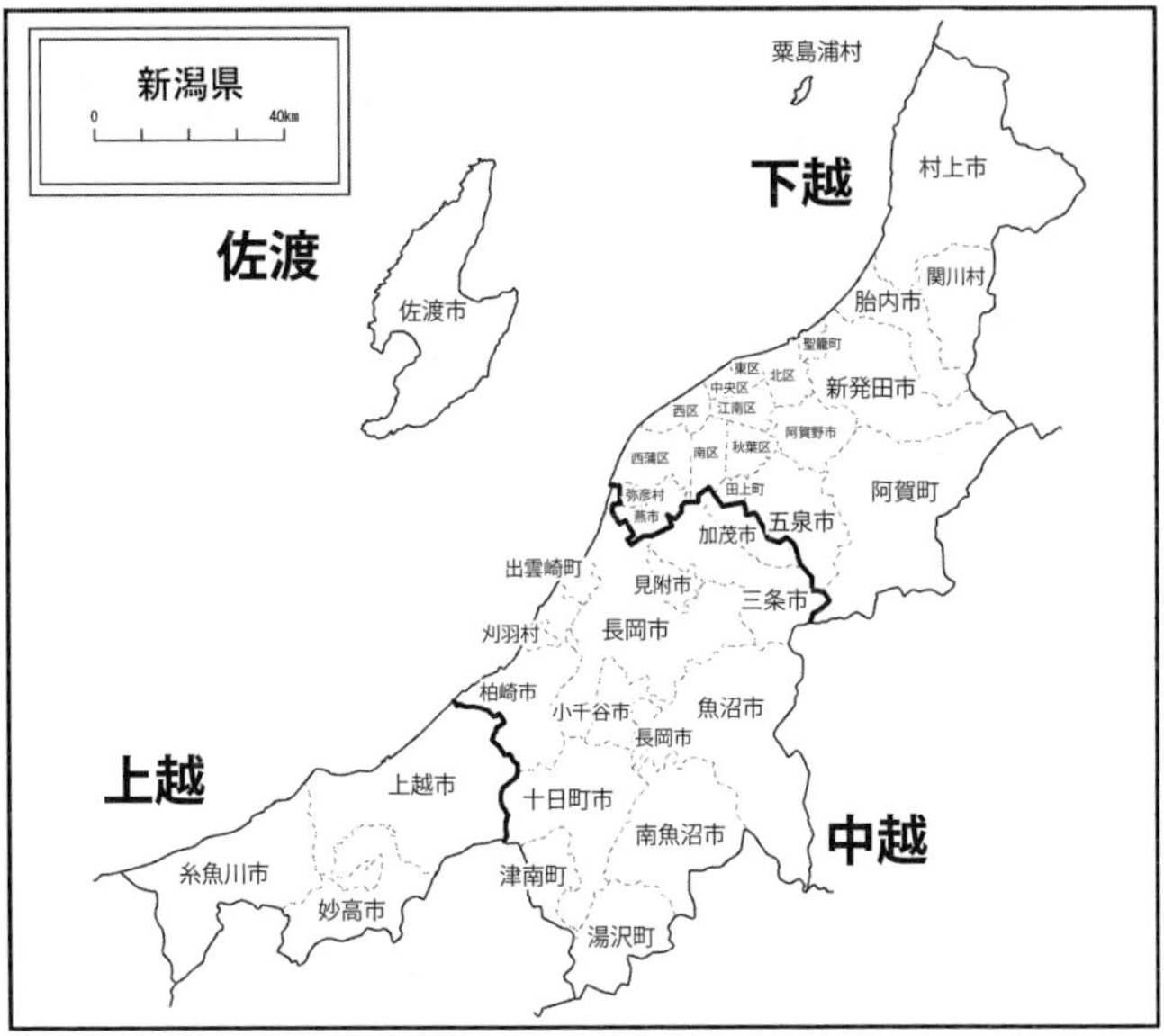

※西から上越《じょうえつ》、中越《ちゅうえつ》、下越《かえつ》、離島である佐渡《さど》の四地方に分けられる。県庁所在地は下越地方の新潟市。県の面積は全国の都道府県中、第五位の広さ。人口は約二百十二万人。

目次

戸神重明

石動充徳

樋口雅夫（ひぐちまさお）

一九八二年七月十五日生まれ。GOSEN動画工房代表。二〇二二年まで新潟県内の劇団、Y2工房の代表を務める。演劇活動を行いつつ、ゲストハウス、神社、介護施設、学校、劇場などで地元の怖い話を語るライブイベントに出演。二〇二一年にはTeNY（テレビ新潟）にて株式会社バッドテイストと業務提携し、ホラードラマ『シン・夜怪談』を制作。二〇二三年七月に二回交通事故に遭い、本厄を実感。

心霊スポットに行かない理由

私が二十代の頃、夏の夜に体験した話だ。その日は舞台の稽古が終わってから、劇団の後輩たちと一緒に新潟市東区にある、じゅんさい池公園へ肝試しに行った。正直、私は心霊スポットに行くのは乗り気でなかったのだが、私よりも若い子たちが「行きたい！」と言うので責任者として付いていくことにしたのである。

現地へは車数台で向かった。人数は九人いたと思う。私はその頃、弟に車を出してもらっていたので助手席に乗って、女の子が一人、後部座席に座っていた。

その公園は市街地の真ん中にあるのだが、二つの池があって、周りに森が広がっている。東側の池の近くに駐車場があるので、そこに車を駐《と》め、二組に分かれて肝試しを始めた。ルートは東側の池の周りをぐるりと回ることにした。

組分けが終わり、私は後発組になった。先発組が歩き出し、少し経って私たちの組が歩き出した。先発組の賑やかな話し声が聞こえてきたが、後発組の私たちはそれほど賑やかではなかった。誰かが池の方を懐中電灯で照らして、こんなことを言い出したからだ。

「池の中に女がいる！」

そう言われて、そちらに懐中電灯の光を向けてみると、確かに池の真ん中辺りにうっすらと半透明の女の顔が浮かんでいるように見えた。横向きの顔が、半分は水中に沈んで、半分は水面上に出ているように見える。

一緒にいた女の子たちはひどく怖がり始めた。とても肝試しを続けられる雰囲気ではなくなってしまい、先発組に誰かが電話をかけて、直ぐに早足で来た道を引き返した。

駐車場まで戻る道中、園内の木が風もないのに、バサバサッ……と、物凄く揺れていた。私にはその木に女の細い腕が絡みついているように見えたので、気が気でなかった。

駐車場に着いて待つうちに先発組も合流し、来た時と同じ車の割り振りで帰ることにした。後部座席の女の子を家まで送り、その後、弟と二人で自宅に帰った。帰宅した時には、午前二時頃になっていた。お互いに「怖かったな……」と話して裏口から家に入り、先ずはトイレに行こうと思った。電気を点けようとスイッチに手を伸ばす。

ところが、勝手にトイレの電気が点いた。ドアに嵌め込まれた曇りガラスに明かりが映っている。最初は何かの勘違いかと思い、ドアを開けると、洋式トイレの便器の前に霧のような白いモノが浮かんでいた。私は怖くなって、直ぐにドアを閉めた。すると独りでにトイレの電気が消えた。そこで今度はちゃんとスイッチを押して電気を点けた。

もう一度ドアを開けると、まだ白いモノがそこにある。更に霧のようなモノの中に、沢山の目が見えた。その多くは人間の瞼と眼球だったが、中には動物の瞼と眼球らしきモノも複数見えた。驚いた私は深夜にも拘らず、「わああっ！」と大声を出してしまった。

「兄ちゃん!?　大丈夫!?」と二階から弟の声がして、「変な感じがするから、そこ、使わない方がいいよ！」と言う。そこで私は二階のトイレで用を足した。

弟には、私が見たモノのことを話したら怖がらせてしまうだろう、と思い、その時は言わないことにした。直ぐに自分の部屋に行き、布団に入って寝てしまった。

疲れていたのでじきに眠れたが、とても怖い夢を見たのを覚えている。ボロボロの黒い服を着た幼い女の子と、その母親らしき目の吊り上がった女性が、ずっと何かを探していて、大きな声で「いなーい！　いなーい！」と絶叫し続けるのだ。


実はその夜、弟は私よりも怖い目に遭っていた。後日になってそれを知った。

弟と私の部屋は二階にある。階段を上ると直ぐに弟の部屋があり、その二つ奥に私の部屋がある。暑かったので弟が部屋のドアを開けたまま、電気を消して寝ようとすると、階段の方から赤い光の玉が現れ、私の部屋の方に移動してゆくのが見えたという。弟も私を怖がらせたくなかったので黙っていたそうで、暫くしてからそんな話を聞いた。

この体験をしたことが、私が心霊スポットに二度と行かなくなった理由である。

白昼の稽古場

私、樋口雅夫は地元の五泉市《ごせんし》を中心に、新潟県内で演劇活動を行っている。

その日も県内の某所で、私を含めた七人のメンバーで昼間から舞台稽古をしていた。稽古は室内で台本を読んだり、アクションをしたりと、賑やかであった。

そこへドアをノックする音が聞こえてきた。

「ああ、誰か来たかな」

と私は思い、稽古を一旦止めて、ドアを開けた。

その部屋は二重扉になっていて、二つのドアを開けないと廊下に出ることができない。

だが、いざドアを開けると、誰もいなかった。

気のせいかと思い、皆で稽古を始めると、またドアをノックする音が聞こえてきた。

しかし、廊下に出てみても、誰もいない。

近くにいたメンバー数人も、確かに聞こえた、という。

「誰かの悪戯かな。次に聞こえたら直ぐに開けてみよう」

私はドアの前で待機することにした。稽古を始めて暫くしたら、またノックの音が聞こえてきた。私は思いっきりドアを開けた。

すると、部屋の中に何者かが勢いよく駆け込んできたらしい足音が響いた。姿は見えなかった。

騒々しい大きな足音だけが、部屋の中を一気に駆け抜けていった。

部屋の隅まで移動すると、足音は止んだ。

その場にいた全員が稽古を中断して、呆気に取られてしまう。

一体何だったのかわからず、皆が気味悪がったので、稽古は部屋を変えて再開することになった。

峠の少女

私が数年前に体験した話である。その年の暮れ、私は地元の新潟県五泉市《ごせんし》から、友人のN君が運転する車で東京都内へ買い物に出かけた。都内では目当ての品物がすんなりと買えたため、予定よりも早く帰路に就くことができた。

それでも、関越自動車道を走って新潟県に入った時には、既に日が暮れていた。赤紫色の夜空から、白いものがちらほらと舞い降りてくる。

「雪か……」

上越国境近くの山々を越えて平地に出てからも、雪は降り止まず、むしろ激しく降り募《つの》ってきた。

「これは、五泉も積もるかな?」

と、私が口にすると、N君は笑みを浮かべた。

「そうだなぁ。でも、スノータイヤに換えてあるから、大丈夫さ」

やがて関越自動車道から北陸自動車道へ入り、それも下りて、しばらく国道を走ってから、低い山を越える県道へと進む。車外はすっかり雪景色となっていた。

暫く上り坂とカーブが続いて、ある峠へ差し掛かった。

そこには茶店が一軒あるのだが、既にシャッターを下ろしていた。車がそこに近づいた時、私は店先に小さな人影が立っていることに気づいた。

身長一二〇センチ余り、といったところか。おかっぱ頭で、背恰好からして、七、八歳の少女らしい。白いコートと思われる衣服を着ていた。

こんな夜の雪山に、どうして女の子が一人で……？

しかも近くに街灯はなく、茶店も閉まっていたので、その辺りは真っ暗だったのである。車のヘッドライトも当たっていない。にも拘らず、少女の姿はくっきりと、降り頻《しき》る雪の中に浮かび上がって見えた。

私は少し驚き、もっとよく見ようと、目を凝らした。だが、少女の頭髪や胴体は見えるのに、顔だけは真っ黒で、輪郭しか確認できない。

車が茶店の前を通過する。少女はその場から動かず、姿が見えなくなった。

あの子、生きた人間じゃないな——私はそう直感した。

それまでN君と談笑していたのだが、つい黙り込んでしまう。

「何？　何か見えた？」

と、N君が訊いてきた。

長年の付き合いで、彼は私が〈たまに見える人〉であることを知っている。私が今話すべきか、迷っていると、

「ああ……。じゃあ、後で教えて」

「いや……。今でも良ければ、すぐに話すけど……」

「かまわないさ」

N君がそう言って微笑んだので、私は少女のことを説明した。

「なるほど……。わかった！　雪もかなり降ってるし、ゆっくり行くわ」

N君はこれまでも慎重に車を運転していたが、峠を越えると、より速度を落として坂道を下り始めた。大きな急カーブが近づいてくる。

さらに減速しながら、そこを抜けると——。

大型トラックが一台、停まって道路を塞いでいた。

「うわっ！　危ない！」

N君がブレーキを掛けた。車を停めると、トラックから中年の男性運転手が降りてくる。

「すいませーん！　滑りまして！　申し訳ありません！」

よく見ると、トラックは完全に真横を向いていて、道路沿いの崖に車体の前方が突っ込み、左右の前輪が路肩の側溝に嵌まり込んでいた。自力では脱出できない状態である。

もしも先程、N君が車の速度を落としていなかったら、まちがいなくこのトラックに突っ込み、玉突き衝突事故を起こしていたことだろう。

私はN君と顔を見合わせて、暫し黙り込んでしまった。

トラックの運転手のことは気の毒に思ったが、助力したくても、私たちにはどうすることもできない。警察と消防には通報したそうなので、私たちはやむを得ず、車をUターンさせて、別のルートで五泉市まで帰ることにした。

車を進めると、じきに先程通過した茶店が見えてきた。

あの少女はいなくなっていた。

代わりに茶店の駐車場には、パトカー数台と救急車一台が停まっていた。

路上に警官が立っていて、赤色灯（誘導棒）を手に「停まれ」の合図を出している。

N君が車を停めてドアウインドウを開けると、警官が近づいてきた。

「どちらから来ました？」

「何か、事件ですか？」

逆にN君が訊き返す。

双方の会話が噛み合っていなかったのは、私から少女の話を聞いたN君が、ここで殺人事件でも起きたのか、と勘繰ったためであった。実際には、警察と消防はトラックの運転手の救出と、玉突き衝突事故を防ぐために、事故現場を探そうとしていたのである。

私たちは遠回りをして、夜遅くなってしまったが、それぞれの自宅へ無事に帰ることができた。

あの少女は何者だったのか？　私は興味を覚えて、後日、調べてみることにした。

その結果、例の峠付近で近年に少女が殺害されたり、行方不明になったりした事件や、死亡事故は起きていないことがわかった。

ただし、峠に子供の妖怪が出る、との伝説が伝わっているという。

昔、ある侍がその妖怪を退治しようと峠へ行き、刀で妖怪を斬《き》りつけた。しかし、一刀両断に斬り斃《たお》された妖怪は、滅びるどころか二体に増えた。そこで侍が瞬時に二体を斬りつけると、今度は四体に増えていく。その数は斬る度に増えていくことから、とうとう侍は逃走し、退治することはできなかったそうだ。

そんな伝説の妖怪との繋がりがあるのかどうか、確かなことはわからないが、私たちはあの少女のおかげで事故に遭わずに済んだものと信じているし、今でも感謝している。

阿賀野川に出たモノ

これもN君が運転する車で一緒にドライブに行き、夕飯を食べた帰りの話だ。私たちが乗った車は、新潟市横越《よこごし》の土手の上を通る道路を地元の五泉市に向かって走っていた。

土手の横には阿賀野川《あがのがわ》が流れている。新潟県内では、長さ日本一の信濃川《しなのがわ》に次いで二番目に長く広く、日本全国でも全長が第十位、流域面積が第八位の大河である。

夏のことで夜更けになっても暑かったので、車の窓を開けて走っていた。もう少しで五泉市に入る所まで来た時のことだ。

「助けてー！」

川の方から、甲高い人の声が聞こえてきた。子供の声か、女性の声のようである。

「車を停めて！」

私が直ぐにそう言うと、N君は車を路肩に停めてくれた。

二人で土手を降り、スマホのライトを点けて大きな声を出しながら、川原を捜し回った。

だが、どこにも人影は見当たらなかった。

もしも川に流されているなら、もうこの辺りにはいないのかもしれない。そこでN君の車に戻ると、下流へ向かって来た道を引き返すことにした。

途中にある橋まで行き、まずは橋の上から捜索を再開した。

だが、やはり人影は見当たらす、大声で呼びかけても返事はなかった。私とN君はまた土手から下へ降りると、二手に分かれて捜し始めた。

今思えば一一九番に通報すれば良かったのだが、当時は冷静ではなかったのだろう。

私は川岸へ向かい、水際まで近づくと、草が茂っている所をスマホのライトで照らしてみた。すると次の瞬間、草が揺れ動いて、小柄な人影のようなモノが見えたので、いた！と思った。

「見つけた！」

N君に向けて大きな声で知らせる。

そして草むらに腕を伸ばすと――。

「こっち……」

という声が聞こえて、腕に冷たい感触が伝わってきた。

見ると、小さな手が私の腕を掴んでいる。手首までしかない白い手だった。

私は一瞬、何が起きているのか、どうしたら良いのかわからず、身動きができなくなってしまった。

しかし、そこへ、

「見つけたのかぁ!?」

とN君の声がして、明かりが近づいてきた。それで私は正気に戻ることができた。

「N君、走って！」

「何で？　どうした？」

「いいから走って！　川から離れて！」

私はN君と全力で走り、車まで戻った。

猛スピードでバックして、橋から離れると、とりあえず明かりがある所に行こうという話になり、コンビニへ向かった。

いつの間にか、私の腕を掴んでいた小さな手は消えていた。

コンビニに着いて少し安心した時には、深夜の一時を過ぎていた。

そこで話を整理していくと、「助けてー！」という声を聞いたのは私だけで、N君は私の声に反応して、一緒に捜索してくれていたことがわかった。正直、甲高くて大きな声だと思ったのだが、私しか聞いていなかったことに唖然とした。

その声も小さな手の正体も不明なのだが、私を川へ引き込もうとしていたのかもしれない、と思うと、全身に鳥肌が立った。

そのまま家に帰るのは余りにも怖かったので、別の友人W君にも連絡をして来てもらい、三人で西蒲原郡弥彦村《にしかんばらぐんやひこむら》にある〈越後一宮　彌彦《やひこ》神社〉へお参りに行くことにした。真っ暗な深夜の神社も怖かったが、また川に引き込まれそうになっては敵わない。怖がる二人にも付き合ってもらって広大な境内に入り、無事を祈願して午前四時過ぎに帰宅した。

後日、W君とのドライブ中に助手席の窓に髪の毛の塊がくっついているのが見え、帰り道に同じ場所で、スピードを出してもいないのに車がいきなりスピンしたことがあった。また、別の日には一緒に道を歩いていたN君が、突然何かに引っ張られるかのように、見知らぬ他人の家に入って行こうとしたので、慌てて引き止めたこともあった。N君自身、なぜそんなことをしようとしたのか、わからなかったという。

そんな小さな異変が色々とあったが、怖いのを我慢して彌彦神社へお参りに行った効果があったようで、現在、N君とW君はどちらも元気に暮らしている。

廃墟にいたモノ

私と友人のＫ君が、山へドライブに行った時の話である。

その日は天気が良く、話も盛り上がり、夕方までには山道をスムーズに下りてくることができた。その時、助手席に座っていたＫ君が急に、

「ナワアー！」

と、大声を上げた。彼は十代の頃から付き合いのある友人だが、過去には一度もこんな声を聞いたことはなかった。

「どうした⁉」

「マサオ君！　今の見た⁉」

車を運転していた私は気づかなかったのだが、彼には変なものが見えたというのだ。

気になった私は、近くのコンビニに車を停めてＫ君から話を聞くことにした。

そこは峠を下って少し走った所だった。助手席側から一軒の廃墟が見えるのだが、窓に何らかの白い塊があって、もごもごと動いていたという。

いつになく真剣なＫ君の言葉を聞くうちに、私は車の中が寒くなってきた気がした。

その反面、まさかな、見まちがいじゃないか……という思いもあった。

「あのさ、もう一度、その場所に戻ってみようか」

「いいけど……」

私としてはこの雰囲気のまま帰るのは嫌だったし、もう一回同じ場所へ行って確認することで、何もなければK君の不安も払拭《ふっしょく》できるかもしれない、と考えたのだ。車をUターンさせて、同じ道を引き返し始めた。今度は峠へ向かう道を上り、前後に車がいないことを確かめてから、車の速度を落とす。ゆっくり車を走らせるうちに、K君が話していた廃墟が見えてきた。

そこは私も以前からよく目にしている廃墟であった。普段は気にしていなかったのだが、改めてじっと見ると、平屋建てでいつ崩れてもおかしくなさそうなほど荒れ果てていた。窓ガラスも割れていて、屋内の大きな柱が見える。私は路肩に車を寄せて停車させた。

「何も見えないな」

と思っていた時――。

急に窓枠の向こうに白い霧か、綿アメのようなものが現れて、それが動いたのだ。

私は声を出すことができなくなってしまった。暫く車内で無言の時間が続いた。

黙って車を発進させると、またコンビニまで戻り、お互いに飲み物を買った。それでやっと車内で話せる状態になった。

先ずは私が見たものについて話すと、K君はきょとんとした顔つきになった。

「マサオ君、俺もさっきは白い塊を見たけど、今度は違ったんだ」

K君が言うには、窓枠の向こう、屋内の柱の前に初老の男性が立っていたのだという。

私には男性も何も、人の姿など見えなかったのだ。

このまま帰るのはますます怖くて堪らなくなり、五泉市内にある日枝《ひえ》神社へお参りをして、その日は何とか無事に帰ることができた。

今こうして思い出してみても、私はそこに男性はいなかったと思っている。

暫くしてK君とまた会う機会があり、その廃墟の話になった時、

「マサオ君、俺さ、気になってあれから別の日の昼間に、あの廃墟を見に行ったんだ。でさ、わかったんだよ。そもそも、あの廃墟の窓から見えた柱の所って、人が立てるようなスペースはなかったんだ……」

その場所は、書くと迷惑する人がいるかもしれないので書かずにおくが、廃墟は今もまだ壊されず、そのまま残っている。

またもや友人と二人で変な体験をした話。あれは、何だったのだろうか？

鏡に映ったモノ

新潟市東区某所で、ある家族が体験した話である。

私がこの話を聞かせて頂いたのは、新潟市内にある商業施設〈デッキ４０１〉の一階にある某ハンバーガーショップだった。知人から「怖い体験をした人がいるから、会って話を聞いてみる？」と言われたので紹介してもらい、待ち合わせをしていた。

待ち合わせ時間ちょうどに女性から話しかけられた。年齢は四十代前半くらいだろうか。

「田中です」

と名乗った女性に私は名刺を渡し、挨拶をした。そして店に入ろうとすると、

「ママー！」

後ろから元気な声が聞こえた。

私が振り向くと、自転車に乗った高校生くらいの年頃の少女が近づいてきて、田中さんと話し始めた。どうやら娘さんらしい。

「どうしたの？　買い物？」

「買い物は済んでるわよ。今日はマサオさんにこの前の話を聞いてもらうのよ」

母子のやり取りを見ていた私は、娘さんに声をかけた。

「折角なので、お嬢さんも良かったら、ご一緒にどうですか？」

「はーい！」

「いいんですか？」

「これも何かの縁ですから」

三人で店に入った。娘さんは気が利くようで、店に入るなり田中さんに自分の食べたい物を伝えると、席を取りに走っていった。

「すみません」と田中さんは申し訳なさそうに頭を下げたが、娘さんと同じハンバーガーを注文していて、微笑ましかった。

席に着き、軽い世間話をしてから、いよいよ本題に入ることにした。

「それで、どんなことがあったのですか？」

「あー、ママ！　私の話をするのね！」

娘さんが食べかけのハンバーガーを置いて元気な声で言う。

「あんたの話もあったわね。あのー、娘の話からしてもいいですか？」

「どうぞ。お好きな話をして下さい」

「わかりました。……あれは、娘が高校の部活から帰ってきた時のことでした」

と、田中さんは話し始めた。

娘さんの名は、遥《はるか》さんという。彼女は帰宅すると、真っ先にシャワーを浴びるのが日課になっている。その日も同じように浴室へ向かった。

暫くして……。

浴室から遥さんの悲鳴が聞こえた。そして大きな声を上げながら、全裸で浴室から飛び出し、田中さんがいる台所まで走ってきた。

「どうしたの!?」

「ママッ!!」

田中さんは遥さんが走ってきた床がびっしょりと濡れて、水溜まりの道を作っていることに気づいた。そこで乾燥機からタオルと衣服を持ってきて、遥さんの身体を拭いてやり、衣服を着させた。そのうちに遥さんも落ち着いてきたという。

「お風呂で何があったの？」

「頭を洗っていて、鏡を見たらね……」

田中さんの家の浴室は、壁の一部に鏡が取り付けられている。遥さんはシャワーでまず身体を洗い、続いて頭髪を洗い始めた。

その間は目を閉じている。洗い終えて目を開けると、真正面にある鏡が自ずと見えた。湯気で曇っていて、そこに映っているであろう遥さんの姿はぼやけている。そして浴室には電気が点いているのに、不思議と鏡の周りだけがやけに暗く感じられた。

変ねえ……？

遥さんは鏡の曇りをスポンジで拭き取ってみた。

すると、鏡の中に女性の後ろ姿が現れた。セミロングの黒髪が肩や背中を覆っている。だが、遥さんは今、鏡を見つめているのだ。通常なら鏡には、彼女の顔が映るはず。それに浴室には、彼女のほかに誰もいない。

どうして⁉　何で⁉

遥さんは急に怖くなって、慌てふためきながら浴室から逃げ出した。助けを求めて田中さんがいるキッチンまで無我夢中で走ったのだという。

「怖かったね」

と私は遥さんに声をかけた。

遥さんはシェイクを飲みながら「ウン！」と元気に反応した。もう怖く感じてはいないようなので、良かった、と私は思った。

この話はこれで終わって、別の話になるのかと思ったのだが、

「そのあと、私が見たことも聞いてもらえますか？」

「まだ続きがあるのですね。それなら、どうぞ宜しくお願いします」

「えっ！　ママも見たの⁉」

どうやら遥さんも聞いていない話があるらしい。

「あんたに言ったら、また寝られないとか色々言うと思ったから、そのときは言わなかったのよ。どうする？　聞く？　私はどっちでもいいけど」

「もう鏡はないから、大丈夫。ただ、怖くなったら、スマホで音楽を聴いてるね」

というやり取りの後で、田中さんは話を始めてくれた。

「遥に夕飯を食べさせている間に、濡れている床を拭いてから、お風呂場に行ったんです。結構泡だらけだったので、それをシャワーで流した後、鏡もシャワーで洗って、戻ろうかと思ったんですが、その前に、一回試してみようと思ったんです」

「何をですか？」

「鏡に映っている自分の顔に向かって、〈あっち向いてホイ〉をしたんです」

〈あっち向いてホイ〉は二人でジャンケンをして、勝ったほうが相手に向かって指を振り、顔がその方向を向いたら相手の負けになるゲームだ。もちろん、ジャンケンはできないが、

田中さんは指を振る動作を鏡相手にやってみたそうである。

「遊び心だったんですよ。で、やってみて、何にも変わらないな、と思って、遥のところに戻ろうとしたんですが……」

一度視線を外してから、もう一度、何気なく鏡を覗いてみると――。

そこに映っている田中さんの顔に異変が起きた。左右の目がぎょろりと大きく見開かれ、先程指を振った方向に黒目が向けられたのだ。さらにその目が、膜が掛かったように白く濁っていく。黒目が見えなくなってしまう――。

もちろん、田中さんは目を見開いていなかったし、そちらの方向を見てもいなかった。

「びっくりして、声が出なくなってしまいました。本当に怖いと思った時って、声が出なくなるものなんですね。……そのあとは、逃げるように遥のところに戻って、パパが仕事から帰ってくるまで、ずっと二人で一緒に怯えていたんです」

「その鏡はどうしたんですか？」

「パパと相談して、業者を呼んで、翌日には外して処分してもらいました」

私はその原因が気になった。

「変なことが起きたのはその日が初めてなんですか？　何か他にもありましたか？」

田中さんの家は親戚が所有する借家で、この時は住んで二年が経っていた。浴室で怪異が起きたのはこれが初めてだったが、同じ家では浴室以外の場所で不思議な現象が起きたことが何度かあったそうだ。ただし、原因については、所有者の親戚に訊いても「知らない」と言われたので、二人とも全く心当たりはないという。

この話を書くにあたり、田中さんに再度連絡したところ、今は新築の家を購入して住んでいて、例の借家は取り壊され、その場所は現在、駐車場になっている、とのことである。

古びたポシェット

これは私が仕事の営業に行った際に聞かせて頂いた話だ。

その会社はＪＲ新潟駅（新潟市）の近くにあり、社名は仮に谷村商事としよう。

大きなビルの中に入っている会社の一つで、ビル自体、大分年季が入っているのだが、最近、外観と内装をリフォームしたそうで綺麗になっていた。

「やっとトイレが全部洋式になったよ」

私がお邪魔した際に会長が、そう言って喜んでいたのを覚えている。

会長との雑談交じりの商談が一段落した時に、こう訊かれた。

「君はまた怖い話を集めているの？」

そう、私が怖い話を聞いて話すのが好きなのを会長は覚えて下さっていたのだ。

「はい！　何かあります？」

正直ここで、ないよ、と言われても、ですよねー、で済むのだが、

「あるぞ。ちょっと待てな」

会長は内線で何処かに電話していた。少し待つと社長（会長の息子）がやってきて、

「いらっしゃい。久しぶり。ちょっと待っていてもらえる？」

今度は社長がスマホで誰かに電話をして話し始めた。じきに電話を切ると、

「じゃあ、行こうか」

一方、会長は部屋に残るそうで、「また何時でもおいでー」と笑顔で手を振った。

私は社長に連れられて、社員が休憩するであろう大きな部屋に案内された。三十人程度は入れる部屋で、黒髪を後ろで束ねた三十代の半ばくらいの女性社員が一人座っていた。

「僕はここまでだから。あとは彼女から聞いてねー」

社長は部屋を出て行き、私は初対面の女性と二人きりになった。お互いに名刺を交換し、

「すいません、急に……」と私が少し申し訳なさそうに言うと、

「いいんですよ。それで、どこからお話ししましょうか？」

「いやー、私はまだ何も聞いていないもので……」

「あー、そういう感じですか。わかりました。じゃあ、初めからお話ししますね」

彼女の名前は吉田さん。この会社には大学を卒業して直ぐに入社し、今に至るという。はきはきした受け答え、メイクもバッチリで、頭が良くて仕事ができそうな女性、という印象を受ける。彼女の話はスマホのアプリで録音させて頂くことにした。

「ビルの内装をリフォームした際の出来事なのですが、以前の女性用トイレは古くて余り

使いたくなかったのです。リフォームと聞いて本当に嬉しかったのですよ。でも、工事が始まって直ぐに業者の方が私たちの部署に来られたのです」

「これ、このフロアの女性用トイレにあったのですが、どなたかの忘れ物ですか？」

と、業者がメイク用品の入った茶色のポシェットを持ってきたという。

その日にいない社員もいたので、一旦は総務課の部長が預かり、社員全員に写真付きでメールを送ったという。写真は私も吉田さんから見せて頂いたのだが、チャック付きのビニール袋の中にポシェットが入っていた。厳重に封をされている。かなり使い込んだモノらしく、大分色が褪せていて、両端の一部が擦り切れていた。

メールで確認後、誰のモノでもないことがわかったらしい。

「じゃあ、警察に届けたのですか？」

私がそう聞くと、吉田さんは意外な返答をした。

「いいえ。いつから置いてあるかわからないモノだから捨てよう、という話になったんです。でも、ポシェットの中身を見たら、まだ使えそうなメイク用品があったので、勿体ないから私がもらったんです」

そのポシェットを自宅に持ち帰ってから、変なことが起きたという。

「自宅に持ち帰って暫くは台所に放置していたんです。初めて変なことが起きたのは、何日か経って、残業して帰った二十時頃のことだったと思います。

　自宅のマンションに帰って直ぐに、お風呂のアラームが鳴ったんです。あれ？　と思ってお風呂を見たら、お湯が満タンになっていました。そんな設定にはしていなかったので、機械の故障かと思ったのですが、折角なのでそのまま入ろうと思いました。その前に洗面所でメイクを落とすことにしまして、台所に置いていたあのポシェットを思い出したのです。メイク落としのクレンジングオイルも入っていたはずでした。

　そこで台所に行ってポシェットを持ってきたんです。でも、開けたら実際には、クレンジングオイルはなかったし、他の使えそうなモノもろくに入っていませんでした。『おかしいな、そんなはずは……』と不思議に思いながら、ふと隣にある鏡を見たら一瞬、誰か人の姿が見えたような気がしたんです。ちょっと怖くなったので、自分で買っておいたクレンジングオイルでメイクを落として、直ぐにお風呂に入って寝たんです。

　で、深夜になって急に目が覚めまして、ベッドから台所が見えるのですが、何となくそこが気になったのでよく見たら、台所に誰かがいるような感じがしました。咄嗟に何かあったら、枕の傍に置いていたスマホで一一〇番に通報しようと思ったんです。そうしたら台所の方から、今度は何かが、バンッ！　っと落ちた音がしたんです。私、ビックリして大きな声で『誰かいるの!?』って言ったんです」

「誰かいたんですか？　大丈夫でした？」

「怖くて部屋の電気を点けて、朝まで起きていようかと思ったんですけど、いつの間にか寝ていて、気づいたら朝でした」

「無事で良かったですね。それで、台所の音の原因はわかりました？」

「それが、あのポシェットが落ちていて中身が散らばっていました、でも、あんな軽いモノが落ちた音だったとは思えないんですよねー」

吉田さんは小首を傾げながら、本当に不思議そうに話していた。

「では、それ以降に変なことは起きなかったんですか？」

「それが結構あったんです。お風呂に入っていたら、いきなり近くから男性の声で『おい！』とか……」

話の途中だったが、そこで吉田さんのスマホが鳴った。電話に出て頂くと、仕事に戻らなくてはいけなくなった、という。話の続きが気になるが、無理強いするわけにもいかなかった。

「今日はお話、ありがとうございました」

「いえいえ、途中で終わってすみません。また今度、機会があればお話ししますね」

吉田さんは挨拶を終えると、急ぎ足で部屋を出て行った。

私も社長室へ行き、社長に感謝の気持ちを伝えてから引き揚げてきた。

ところが、それから数日後、その谷村商事の社長から電話があった。会社に来て欲しい、というので、その日の仕事を終えてから夕方に訪問すると、仕事のことではなく、吉田さんについてだった。

「彼女、マサオ君と会ってから直ぐに大ケガをしてしまってね……。ちょっと気になることがあって、どんな話をしたのか、聴きたいと思っているんだ」

しかも、ケガの仕方が不思議なのだという。

会社の給湯室で沸騰した湯を頭からまともに被ってしまい、救急車を呼ぶ大騒ぎになった。吉田さん自身は、

「薬缶を……持った、時に……足が、滑って……転んで、しまって……」

と話しているが、社内では、自殺を図ったのではないか、と見る向きもあるそうだ。

「嫌な話で申し訳ないんだが、もしかしたら、マサオ君に何か悩みごとでも話していなかったか、あるいは様子におかしなところがなかったか、と思ってね」

私は吉田さんから聞いた話の内容を説明し、スマホに録音してあった音声も聴いて頂くことにした。録音を聴いている途中で、社長が唸ってから首を傾げた。

「……俺が聞いた話と違うな。他に話していなかった？　実家の話はしていなかった？」

「私が聞いた話はこれだけです」

「俺は吉田さんが、そのポシェットの話をするんじゃなくて、昔、実家で起きた不思議なことを話すと思っていたんだ。だから紹介したんだよ。というか、何だってあんな、ボロボロのゴミ（ポシェットのこと）を大事に持って帰ったんだろう？」

社長はそこまで言うと、腕を組んで黙り込んでしまった。

「あのう……。吉田さんのケガは大丈夫なんですか？」

「重傷には違いないが、生命には別条ないよ。……今日は来てくれて、ありがとう」


それから二週間ほどして、社長からのメールが届いた。そこには私が会社まで足を運んだことへの御礼の言葉と、吉田さんのケガは全治一ヶ月以上であること、本人の強い希望により、既に退職したことが記されていた。

私は吉田さんのことがますます心配になったが、連絡先がわからないので、社長宛ての返信メールに『吉田さんに、お大事になさって下さい、とお伝えいただければ幸いです』と書くことしかできなかった。

さらに数ヶ月後、珈琲ショップで仕事の打ち合わせをしていた時のことだ。

「あのー」

と女性に声をかけられた。

最初はわからなかったのだが、吉田さんだった。帽子を被ってTシャツ姿で、胸まで伸びた長髪を金色に染めている。顔に火傷の痕跡はなかったが、メイクがやけに派手になり、二十代の半ばくらいに見えないこともない。まるで別人のように変わっていた。

「この前は話が途中で終わって、すみませんでした」

「あ、いえ……。おケガは大丈夫ですか？」

「はい。珈琲を飲もうとしたら手が滑ってしまって……。足に少し火傷《やけど》をしたけど、もうすっかり大丈夫ですよ」

どういうわけか、社長から聞いた話とは違っていた。

「また今度、続きを話させて下さいね」

吉田さんの新たな本業は不明だが、副業として自作したアクセサリーの個人販売を行っているという。その宣伝用の名刺を私に渡して、店から出て行った。

後日、一度だけメールを送ってみたことがある。ポシェットの話の続きを訊いてみたが、『今でも大事にしています』と書いてあっただけで、後日談は何も書かれていなかった。

〈連載〉助手席の女（一）

石動充徳

新潟県在住で、現在は家業の工務店を経営している山本さんが、実家の工務店を継ぐ前に、修業として県内の某建設会社で働いていた時に体験した話である。

当時、山本さんは県内某所の建設現場で現場監督をしていた。高齢者介護施設の建設工事であった。高齢者介護施設といえば市街地や住宅地を避けて建設されることが多いのだが、その施設は珍しく街中に建設されることになっていた。

とは言え、現場は街の本通り沿いではなく、横道に入った突き当たりの、川沿いの空き地である。本通りから一見分かりにくい場所が建設地に選ばれた為か、敷地の直ぐ隣には集合墓地があり、それと大きな川に挟まれた場所であった。しかも山本さんが仕事をする現場事務所は墓地の直ぐ側に設置されていたので、あまりいい気がしなかったそうだ。

高齢者介護施設の建設が始まってから数カ月が経った頃、山本さんが平素使用している社用車が車検を迎えたので、業者へ車検に出した。数日後、それを終えた社用車が返ってきたのだが、その直後に異変が起こった。突然、社用車の助手席のドアが開かなくなったのである。

（二）へつづく

堀内 圭（ほりうち　けい）

群馬県前橋市出身。「高崎怪談会」に初期より出演参加。当初は「ホラークリエイター」で行く予定だったが、現在は「ホラ吹きパクリエイター」の肩書にて、H・P・堀内（通り名）と名乗り、怪談収集や語りを続けている。隣県の群馬県民なので、子供の頃から海に行くとなれば、新潟県の海が定番。人生初の就職先は三条市の店舗内装業の会社で、県内各地を飛び回っていたほど新潟県とは縁が深い。今でも好きなラーメンは、燕三条系。

白い虹

「建設業界には現場の〈安全管理〉という仕事があります。建設現場って、年間を通してみると死亡事故や休業事故（負傷者が仕事を休むほどの大事故）ってのが、本当に多いんですよ。でもね、全国の様々な建設現場へパトロールに飛び回り、危険因子を取り払い、安全な環境をプロデュースするのが仕事なんです。これが体力的にも精神的にも、意外と結構大変なんですよ。人の生命に直接係わってくるものですから」

と、そんな〈安全管理〉の仕事に就いている四十代後半の男性、池田さんの話である。

二〇二二年、冬の寒さを思わせるようになった十月下旬のこと。

群馬県在住の池田さんは新潟県十日町市《とおかまちし》の、とある現場のパトロールを依頼された。隣県とはいえ、近場というわけではないので、早朝四時に車で自宅を出発して関越自動車道（高速道路）を利用する。予定としては建設現場で二日間のパトロール作業を行い、ビジネスホテルに一泊して、翌日には安全書類作成業務を済ませて終了となるはずであった。

ところが、何とこの時期、十日町市周辺の宿泊施設はどこもかしこも予約が取れない状況になっていた。十日町市とその南西に隣接する中魚沼郡津南町《なかうおぬまぐんつなんまち》では、世界最大クラスの野外アート展『大地の芸術祭　越後妻有《えちごつまり》アートトリエンナーレ』が開催されていたからだ。

それでも現地へ行ってみれば、宿一軒くらい何とかなるでしょうと、甘く見て出発したのが悪かった。十日町市の建設現場に到着してから、十数件の宿に電話を掛けてみたが、全滅だったという。結局、現場責任者である所長に訊ねてみると、市内に日帰り温泉や二十四時間無料で利用できる駐車場があることが分かったので、車中泊をすることにした。

池田さんは初日のパトロールが終わると、午後七時過ぎに近くの食堂へ向かった。せっかく来たのだから、十日町市の名物『へぎそば』を食べたいと思っていた。『へぎそば』とは、つなぎに布海苔《ふのり》を使い、蕎麦をヘギと呼ばれる器に盛ったものである。メニューに載っていた『山菜天ぷら付き　へぎそば』を無性に食べたくなって注文したが、

「すみません！　『へぎそば』は終わっちゃいました」

と、店員に言われ、「マジですか！」と残念な気持ちで醤油ラーメンを頼んだ。

醤油ラーメンを食べ終えると、すぐに車で所長から教えてもらった場所への移動を開始して、午後八時半になる前に温泉施設へ到着した。温泉に浸かれば今日の疲れを癒やせるだろうと、入浴料を支払い、浴場へ行った。新しい施設ではないけれども、なかなか広くて清潔感がある。数人の客が気持ち良さそうに温泉の湯を楽しんでいた。

さて自分も湯に浸かるとしよう。今夜、宿無しの身には最高のおもてなしだ。

とはいえ、この温泉施設は二十四時間営業ではないので、あまりゆっくりしてはいられなかった。池田さんは湯から上がると、閉館時間ぎりぎりで温泉施設を出て自分の車へ戻り、そそくさと別の場所にある広い駐車場まで移動した。

車の運転席にエアーマットを敷き、毛布二枚を広げる。これで今夜の寝床を確保した。予め買っておいた飲み物を飲み、大好きな煙草に火を点ける。美味い！　禁煙者にはよく嫌がられるのだが、酒もギャンブルもやらない池田さんには喫煙こそ、かけがえのない一服の清涼剤なのである。煙草も楽しんだことだし、軽いストレッチをして眠りに就いた。

しかし、夜の冷え込みが強かったのか、夜中に突然、尿意を催して目が覚めた。車内の時計を確認すると、午前二時を過ぎている。温度計には外気温が七度と表示されていた。寝ぼけた目をこすりながら車から出ると、低い気温に体温が奪われていくのが分かる。

池田さんは駐車場の外れにある公衆トイレへと急いだ。駐車場は思いのほか広く、外灯が立っていて、他にもキャンピングカーや、長距離トラックなど数台の車が止まっていた。エンジンを掛けて暖を取っている車はなく、辺りは静まり返っていた。

パシャッ……。パシャッ……。

「アハハッ、ウヒャヒャヒャヒャッ……」

トイレへ向かう途中、池田さんは水音と甲高い笑い声を耳にして、立ち止まった。最初は寝ぼけ眼《まなこ》で、その存在を気にも留めていなかったのだが、ふと二種類の音が気になって、そちらに視線を送ってしまった。

駐車場に敷かれたアスファルトに浅い窪みができた一画があるらしく、雨は降っていないのに水が溜まっている。その水溜まりの中に、こちらに背を向けて誰かが立っていた。なんだろう？　人がいるな……。しかも、子供じゃないか！

その子供は小柄で華奢な身体つきからして、八歳から九歳くらいだろうか。白い半袖のワンピースを着ているように見えた。漆黒のおかっぱ頭で、女の子らしい。

この時期に半袖？　いやいや、いくらなんでもその服装はないだろう。まして深夜の二時過ぎだぞ。子供が一人で遊ぶ時間じゃないよな……。

池田さんはトイレに行きたかったことも忘れ、すっかり目が冴えてしまった。近づいて様子を窺うことにする。後から思えば、あまりの寒さで一時的に脳の機能がいかれてしまい、恐怖よりも興味が勝《まさ》っていたのではないか、という。

よく見ると、子供はワンピースを着ていたのではなく、ぼんやりとした薄い光の輪を幾重にも身体に纏っていたようだ。白い光の輪が蛇のように少しずつ蠢いている。笑い声を上げながら、裸足で楽しそうに水遊びをしていた。じっと水面を見つめていたかと思えば、同じ場所で足を交互に上げ下げして、パシャッ……パシャッ……パシャッ……と雨水を踏みつけてみたり、両手で雨水を掬《すく》い上げては零れ落ちるのを眺めたりしている。

やがて、突然その子供がこちらを向いた。

真っ白な顔。両目が横一文字になって、ニカッと笑っている。

餌を与えられた鯉のように口を大きく開けたり閉じたりしていた。歯がないのか、それとも、お歯黒でも塗っているのだろうか、子供の口の中は真っ黒であった。

その風貌を見た池田さんは、ふと我に返り、急に恐ろしくなって、早歩きでトイレへ向かった。トイレですぐに用を足すと、今度は走って車へと戻った。

子供の姿も、水溜まりもなくなっていた。

池田さんは無事に車へ戻ることができたが、気になって朝まで眠れなかったという。

夜が明けたとき、辺りには朝霧が立ち込めていた。

トイレの横にある手洗い場に顔を洗いに行くと、先客がいた。長距離トラックの運転手だろうか、五十がらみの体格の良い男性が歯磨きをしながら池田さんに声を掛けてきた。

「おはよう。冷えますね」

「もしかして、何か見ちゃった？」

「えっ。ええ、まあ……見ていたんですか、夜中に？　何ですか、あれ？」

「うーん、自分もよくは知らないし、姿を見たことはないんだけど、たまぁに、あんたみたいな人がいて、車を急発進させて逃げていくんだよね」

結局、詳しいことは分からずに話は終わった。池田さんは釈然としなかったものの、時折ここで何かを見てしまう者がいるらしい、という事実だけは、確認できた。

トラック運転手に挨拶をして駐車場を出る。早めに建設現場へ行って、少し休憩してから本日の仕事に取り掛かろう、と考えていた。

朝霧の広がる街を抜けて現場に着き、横の駐車場で車から降りると、空には太陽が輝いていた。晴れてきたらしい。そして上空には見慣れないものがアーチ状に懸かっていた。

白虹だ。

霧に陽光が当たり、七色でない、真っ白な虹が出ることがある。大変珍しい現象らしい。

そういえば、夜中に見た子供も、白い光の輪を身に纏っていたな、もしかすると、座敷《ざしき》童子《わらし》みたいな縁起の良いものだったのかなと、池田さんは思ったという。

街道婆《かいどうばば》

機械部品を製造する工場を経営している男性、丸山さんが真冬に体験した出来事である。その日は客先で予期せぬトラブルが発生し、部品が足りなくなって困っている、助けて欲しい、との連絡があった。そこで丸山さんは急遽、南魚沼市六日町《みなみうおぬましむいかまち》から上越市直江津区《じょうえつしなおえつく》へ車で部品を届けに行くことになった。出発したときには、既に午後六時半を過ぎていた。

国道二五三号（ほくほく街道）は、緑豊かな季節なら中越から上越への里山を抜け、美しい棚田などの景観を楽しめる街道だ。しかし、真冬ともなれば平均降雪量が四メートルを超える豪雪地帯が続く。ドライブが好きで遠方にも愛車でよく出掛ける熟練運転者の丸山さんでも、雪によるスリップ事故を起こしかねない、非常に危険な〈酷道〉であった。普段の運転とは違い、憂鬱な気分の中、車を走らせていたという。

朝からしんしんと降る雪が、除雪車に掻き出された道路脇の雪壁を高くしていく。出発して一時間ほど経った頃から、風が出てきて横殴りの猛吹雪となり始めた。丸山さんは時折視界を妨《さまた》げられ、スピードを緩めなければならなかった。

まいったな――。遅くても午後十時までには、客先から頼まれたこの部品を届けなければ、明日の仕事に支障が出てしまう。早く間に合わせて客先を安心させてやりたかった。

しかしながら今夜の道のりは大変危険な状況だったので、スピードを出すわけにもいかず、普段よりも落ち着くように自分に言い聞かせて、緊張しながら安全運転を心掛けた。

そんな思いが天に通じたのか、だんだんと風が弱まり、横殴りの猛吹雪は収まってきた。少し緊張が和らいだので、カーラジオを点ける。雪はまだ降っていたが、FM放送を聴きながら、音楽を楽しむ心の余裕も出てきた。

しばらく走ると、雪壁が途切れた道路の脇に、ぼんやりと光る自動販売機を目にした。車を停められるスペースもある。先程までの緊張感から喉が渇いていたことに気づいて、小休憩を取ることにした。その辺りは山の中ではあったが、道路沿いには人家もあり、街灯も立っていて、明かりが夜の雪景色を明るく照らしていた。

温かい缶コーヒーを購入して、車に戻って飲み干すと、近くに何かがいることに気づいた。それは一メートル余りの高さで、随分と白くて丸い物だった。降雪の中、ゆっくりとこちらに向かって進んでくる。

丸山さんが目を凝らしてよく見れば、背中に大きな荷物を背負い、腰がほぼ直角に曲がった小さな老婆であった。老婆の身体や荷物には雪が積もり、それが白く光っていた。歳の頃は八十歳を超えているように思える。周囲には人家もあるが、こんな雪の中を出歩いている者など他には誰もいない。時刻も既に午後八時を過ぎていたので、何かあったのだろうかと、車を降りて「今晩は」と声を掛けてみた。

老婆は黒目がちな目をじろりと、丸山さんに向けた。しわくちゃの浅黒い顔をしている。

「なぁ、誰《あんた》や」

「直江津に用事があって行くとこだが……。お婆さん、こんな雪の中でどうしたの？」

「これから、娘夫婦のところにこの荷物を届けに行かにゃならん」

「そりゃ、なんぎぃ《たいへん》だな。この雪の中を行くのかい。娘さん夫婦の家まではどのくらい距離があるの？」

「ここから、二キロばかり行った所や」

猛吹雪は収まったので、午後十時前には確実に客先まで部品を届けることができるだろう。それよりも、今は雪が降る夜道に老婆を一人置いていくわけにもいかないと、丸山さんは思った。逆方向だが、二キロ程度なら、大した時間も掛かるまい。

「送ってやるよ。車に乗って」

老婆は初め黙っていたが、やがてニコリと笑顔を返して、車の助手席側に近づいてきた。

「じゃ、頼めるかいね」

丸山さんは老婆の肩や背に積もった雪を払ってやり、荷物を後部座席に置いた。彼が持ってもかなり重かったので、小柄な老婆が背負ってきたことに驚いたそうである。

ところが、車に乗ってからの老婆は態度が豹変して正面を向いたまま、ずっと無言であった。丸山さんが話し掛けてみても全く反応がない。ちらりと横目で見れば、虚空を見つめたまま、口を開閉させながら、何やら見えない誰かと無言の会話をしている様子なのだ。

丸山さんは少し気味が悪くなり、今更ながら老婆を乗せてしまったことを後悔した。客先に早く荷物を届けに行かなければならないというのに、本当にどうしようもないお人好しだな、俺は——と軽い自己嫌悪を覚える。さっさと娘夫婦の家に送り届けよう。

「娘さん夫婦の家は、どこなのかな？　道を教えて……」

すると、それまで正面の虚空を見つめていた老婆が、身を乗り出して丸山さんに顔を近づけてきた。いきなり耳元で、

「ここで降ろしてくれっ！」

「うわっ！」

大声で言われて丸山さんは驚き、危うくハンドルを切り損ねてスリップ事故を起こすところであった。何とか無事に車を停め、ヘッドライトで道路沿いを照らしてみると……。

そこには家などなく、墓地があった。ただし、墓地といっても林の中の狭い土地で、墓

標の丸い石や古い石塔が何基かあるだけの、何とも薄気味悪い場所である。しかも、なぜか墓標や石塔は雪に埋もれていなかった。

「へっ？　ここ？　家なんかないよ……」

「へへへっ……。ここでいいんだいや《よいのです》」

そう言って老婆は車から降りた。

やばいぞ。墓地が家なんてありえない。早く立ち去らなければ——。

丸山さんもすぐに車から降りると、後部座席の荷物を下ろして老婆に渡した。

老婆はかなり重い荷物を軽々と背負いながら、こう言ってきた。

「なじらね《どうだい》、家でお茶でも飲んでいかんかね？」

「いや。先程コーヒーを飲んだばかりなので……遠慮します」

丸山さんは車に飛び乗った。ギアをバックに入れて、急いで車を方向転換させようとしたとき、正面に佇んでいた老婆に目を向けてしまった。

ライトに照らされた老婆が、腰を曲げたまま、ぼうっとした無表情でこちらを見ている。

そしてニヤリと笑顔になった次の瞬間、その首が落ちて血飛沫とともに雪の上を転がった。

「うわっ、うぅわあぁっ！」

ゴン！　運転席の窓に、思い切り頭をぶつけてしまった。余程激しく動いたのであろう、丸山さんはその衝撃で我に返った。車の中で休憩をしている最中に寝てしまったらしい。とはいえ、車内の時計を見ると、休憩に入った時間から、ほんの数分しか経っていなかった。車外では、自動販売機の明かりが冷え切った雪道を照らしている。

気味の悪い夢だったな。それに、夢にしてはやけにリアルだったような……。

暖房により車内は温まっていたが、嫌な汗をかいてしまった為、気持ちを落ち着かせてから車を発進させた。だが、少し走った所で――。

前方から腰の曲がった老婆が大きな荷物を背負って、こちらへ歩いてくるではないか。つい先程夢で見たのと全く同じ姿をしている。今度は現実だ。もう同じ思いはしたくない。丸山さんは老婆から目を逸らしながら、その横を通り過ぎた。

それでも気になってしまい、バックミラーを覗いてみたが、老婆の姿はどこにも見当たらなかった。そこは道路の両側に雪の壁ができていて、すぐに身を隠せる場所はなかったのだ。再びゾッとしながら、上越市直江津区へ向かってアクセルを踏み込む――。

部品は客先へ早めに届けることができたが、丸山さんは同じ夜道を通って自宅へ帰る気にならず、その夜は直江津区内のビジネスホテルに宿泊した。

翌朝の帰路には何も起こらなかったという。

心変わり

人は皆それぞれ、もって生まれた性格がある。感情の赴くままに他人を傷つけても何とも思わない者がいたかと思えば、自分の気持ちを殺してまでも他人に尽くし通す者もいる。そんな様々な人々が、今の世の中で生き抜くには、多少なりとも自分という存在に、嘘をついて日々を過ごしているものと思うのである。

平成四年（一九九二年）の秋から冬へと季節の変わる頃、新潟市中央区のとあるショッピングセンターで、若い女性向けのアパレルショップの改装工事が行われていた。この頃の日本経済は、まだまだ景気が良く、地方都市も非常に活気づいていたので、街中にはシャッターの閉まっている店などは皆無と言っても過言ではない――そんな時代であった。

店舗改装という仕事は、デザインから設計を起こしてセンス良く改装する為、時代の最先端を走る業界――と、はたから見られることが多かった。しかしながら、その裏ではお客様との打ち合わせから始まって、工事に携わる発注業務があり、そしてなんと言っても、現場管理が非常に重要かつ大変なのである。

現場監督は、お店のオープン前までに過密な工程を組み、しかも様々な工事業者のお互いの仕事がかち合わないように工夫して、作業が中断しないようにしなければならない。

とは言っても、そうもいかない場面があるので、現場監督は自腹で職人さん達に飯を奢ったり、午後三時の一服にはお茶を買ってきたりして、何かと気を使う。へそを曲げられて工事を中断されたり、とんずらされたりしないようにだ。その為、工事終了引き渡しの頃には、精神的にも肉体的も疲れ切って、業界を早々と辞めてしまう者も多かったのである。この頃には〈ブラック企業〉なんて言葉もなかったのだから――。


さて、このアパレルショップ工事現場の監督である佐山さんが、二週間という短い工期中、造作取り付けを行う大工さん達と夜中に資機材を搬入していたときのことである。この作業は、建物の入口にあるシャッターを施設ガードマンに頼み込んで開けてもらい、大量の荷物を決められた時間内に現場まで運び込まなければならない。時間は二時間もないので、大工さん四人と、佐山さん一人の計五人で肌寒い星空の下、季節外れの汗をかきながら運んでいると、玉井さんという大工さんが突然、

「はぁ、休もうやぁ、疲れたいやぁ」

と泣き言を言ってきたので、佐山さんはこう言い返した。

「まだ、半分も運んでねぇのに、何言ってんだいやあ」

すると、この玉井さん、作業している仲間をそのままに、ぷいっと何処かへ行ってしまった。実のところ玉井さんは、大工としての腕は良いのだが、自己主張が強く、気に入らないことがあるとすぐに仕事をさぼる癖があるのだ。これを見ていた他の者達は、

「また始まったよ」

「何なんだ、あいつは」

「仕事がちょっとできるからって、いい気になってんじゃねぇよ」

などと文句を言い始めた。

佐山さんは——いかん。このままでは、一生懸命に荷物運びをしてくれている、他の大工さん達の手前、示しがつかん——と思い、玉井さんを捜しに行くことにした。

「すぐに玉井さんを連れてくるから。申し訳ないけど、ちょっと運んでいてください」

——全く！　一人で仕事をしているならまだしも、仲間を放って何処かへ行くなんて！　いい年をして、いい加減にしろ——と、怒りが込み上げてくる。

佐山さんは仕事を放棄した玉井さんを追って、夜中の静まり返ったショッピングセンターの奥へと足を運んだ。この巨大な建物は直線状に伸びた通路の両側に店舗が並んでいる。自分達が改装工事を行っている店舗以外は全てシャッターが閉まっているので、隠れ

られるような場所はない。だが、何処を捜しても玉井さんの姿は見当たらなかった。

あれっ、そんなはずはない――。

ただ、守衛室の脇に関係者専用のトイレがあるので、「そこにでも行ったかな？」と考えた。とにかく早く捜し出して作業に合流しなければならない。なんせ作業時間も決められているのだから急がなければ――と、足早に建物の中央付近にある守衛室へと通ずる扉を抜けて、男性用トイレへ向かった。

トイレの入口は金属製の開き戸で、中央に明かり取り用の磨りガラスがはめ込まれており、ぼんやりとだが、内部の手洗い場周辺の様子が窺える。内部の照明は使用中に点灯させ、用を足した後は消すルールであったので、明るければ使用中だと分かる仕組みだ。今は明かりが点いていた。

佐山さんが扉のハンドルに手を掛けて中に入ろうとした、その時――。

中から人の声が聞こえてきた。玉井さんの声ではなく、女性の声だった。

「この……。薄ら……もうぐれが……《どうしようもない……くず野郎が……》」

声の様子からすると、若そうな感じがする。

しかし、重くて頑丈な金属製の扉の向こうから、人の声が聞こえるなんてことがあるのだろうか？　それも男性用トイレから女性の声がするとは、どういうことだ？　もしかすると、女性がトイレに監禁されて、その相手と争いになり、怒声を浴びせているのでは？などと、状況を考えながらも様子を窺っていると、突然トイレの照明が消灯された。

まずい、中でやばいことが起こっている――。

佐山さんは慌てて扉を開けてみた。速やかに扉の横にある照明スイッチを探して押すと、照明の蛍光灯が点灯した。

トイレの中を見渡すと小便器が二つ、洋式トイレの個室が二室ある。

誰もいない。

いや、そんなはずがない。だって、さっきまで女性の声が聞こえていたではないか――。

そこで蛍光灯が、パチン、パチン……と音を立てて、点いたり消えたりするようになった。佐山さんは驚いて、恐怖を感じ始めた。

それでも、なんとか我慢してよく見ると、二室ある個室のうち、一室の扉が施錠されている。佐山さんはトイレに向かって声を掛けてみた。

「あのぉ、誰かいらっしゃいますか？」

返事は返ってこない。

しかし扉の向こうには誰かがいる気配がする。勇気を出して、そっと扉に顔を近づけた。

その時――。

「うぉい、うおいっ、おぉい、出して、出してれ……」

弱々しい男性の声が聞こえてきた。玉井さんだ。

「どうしたの、大丈夫!? 今開けるから、ちょっと待って!」

佐山さんは仕事上、現場でいつでも作業ができるようにと、メジャーやら手工具やらを、小ぶりのウエストバッグに携帯していた。そのバッグの中から、マイナスドライバーを出して、個室の扉の開錠を行った。その錠は、緊急時には扉の表側から開けられるものであった為、すぐに扉は開いた。

ゆっくりと中を覗いてみると、そこには玉井さんが便座に座り込んだままで、下を向きながら固まっていた。玉井さんに声を掛けてみると、はっとした顔つきになり、

「早く、ここから出よう!」

そう言って、佐山さんを押しのけながら個室から飛び出してきた。

すると、個室の中からまた女性の話し声が聞こえてきた。

「お前……早く……行けや」

先程から点滅を繰り返している照明の煩《わずら》わしさが、この状況下での恐怖心を、より一層加速させる。佐山さんは直感的に、ここにいるのはまずい、と思い、玉井さんの腕を掴むと、すぐに二人で通路へと移動した。

早く搬入作業をしている皆と合流しなければ——。

しかし、先程感じた激しい恐怖により、足の震えが止まらない。玉井さんも同じ状況で、足元がもつれて今にも倒れそうであった。二人とも通路の床に座り込んでしまう。やむを得ず、そのまま気持ちが落ち着くのを待つことにした。

時間にすると、二、三分であったが、落ち着きを取り戻し始めた玉井さんが、ゆっくりと立ち上がる。歩き出して、先程あったことを佐山さんに話し始めた。

「重い荷物を運ぶのが嫌だったんだいや。他の連中が運び終わった後で合流すればいいや、と思ったんだいや……。ああいう作業は、俺一人がいなくても、みんなが勝手に進めてくれるだろうからな」

先ずは喫煙所で缶コーヒーでも飲んで一服して、トイレに寄って……などと、自分勝手なことを決めて搬入作業をさぼろうとしていたそうである。

作業を放棄した現場から離れて、通路を歩いていると、後ろから誰かが近づいてくる足音が聞こえてきた。佐山さんが早くも連れ戻しに来たのかと思って振り向くと、若い女性が立っていた。この時間は自分達工事業者しかいないはずなので、おかしいな、と思う。それでも、ショッピングセンターの関係者だとしたら、声を掛けると逆に変な風に思われるだろう。面倒くさいので、知らぬ存ぜぬを決め込むことにした。

だが、こんな時間にここまで入ってこられる場所といえば、搬入作業をしている出入り口しかない。やっぱりおかしいな、と思って振り向くと、そこに女性はいなかった。

「あれっ、何処へ行ったのだろう？　ほんの数秒前には後ろにいたはずじゃないか？」

と顔を前に向けようとしたその時、右側に並んで歩いている女性の姿が見えた。

いったいどうやって、一瞬のうちに自分の横へ来たのだろうか？

その女性は無表情で、正面を凝視している。肩までの艶のある長髪で、病的なほど白い顔色をしていた。

やばい、こいつ人間じゃない！　目をそらさなければ――と思った途端、女性は玉井さんの方へぐるりと視線を向けながら、顔を近づけてきた。

いかん、見てはいけない――しかしその女性は、無理矢理玉井さんの眼前へ顔を滑り込ませてきた。そして、目が合ってしまった。

女性はにやにやと薄ら笑いを浮かべながら、玉井さんの顔を嘗《な》め回すように覗き込んできた。その切れ長の細い目は、鮮血を浴びたように瞳が真っ赤に光っていた。玉井さんは脂汗が首筋から背中に流れ、蛇に睨まれた蛙のように、そこから動けなくなってしまった。

「あんたさ、逃げんじゃないよ……。分かっているのかい？」

——この女、何を言っているのだろう。全くわけが分からない。やばい、早くここから逃げなくては——だが、恐怖で足がよたよたとして走り出すこともできない。腰が抜けそうになるってこんな感じなのかと、生まれて初めて思ったという。

「うひゃあ〜っ、んふっふううー……」

玉井さんは叫び声にも力が入らなくなっていた。得体の知れないその女性に、何をされるのか分からない恐怖から、無我夢中で逃げ出して、どうにかこうにか守衛室の脇にあるトイレまでたどり着いた。慌てて照明を点け、個室に隠れて扉を閉める。

「ここですか〜。この中にいるんですか〜。この薄らもうぐれがあぁぁ！」

扉の隙間から、紙のように厚みのない女性の白い手が差し込まれてくる。

次の瞬間……トイレの照明が落ちた。

その直後に佐山さんが助けに来ると、白い手は消えたそうである。

二人が落ち着きを取り戻して仲間達の所へ戻ると、既に搬入作業は終わっていた。その日は、玉井さんは仕事にならないので、タクシーに乗せて先に帰宅させて、翌日の作業から合流してもらうことにした。しかし昨日のことが相当応えたのか、玉井さんは声を掛けても上の空で、大工仕事にも身が入らない。災害や事故があってはかなわん、と、その現場からは早々に撤収してもらい、代わりの大工さんを補充するしかなかった。

その現場での作業が完了してから数年後のことである。

佐山さんは、たまたま別のショッピングセンターの内装工事で、他所の内装会社と現場が一緒になった。そこでその会社の手伝いに来ていた玉井さんに出会った。

その現場の担当監督は女性で、作業員さん達にキビキビと指示を出し、かなり厳しく見えたそうである。玉井さんは、その女性に何度も激しく怒鳴られていたが、快く返事をし、率先して仕事をしていて、本当に嬉しそうであったという。

佐山さん曰く、

「その女性なんですが、注意をするとか激励するというよりも、恫喝《どうかつ》に近い感じだったので、自分なら絶対に嫌だな、一緒に仕事はしたくないな、という雰囲気の人でした。……ましてや以前の玉井さんなら、監督から叱られて、気に食わなかったら腹を立てて、さっさと現場を放棄していたのに……。まあ、良くも悪くも、人間変われば変わるものだな、と思ったものですよ」

とのことである。

〈連載〉助手席の女（二）

石動充徳

（マジかよっ⁉　車検から返ってきたばっかなのに⁉　業者は車検の時にちゃんと見たのか⁉）と思ったが、基本的には自分一人しか乗らないので、特に不便不都合は感じない。業者へまた修理に出すと、その間代わりに自家用車を使わなければならなくなってしまう。それも面倒と思い、とりあえず様子見で社用車をそのまま使うことにした。

数日後、現場事務所に出勤すると、一緒に出向している女性事務員の足立さんから突然こんなことを言われた。

「山本さん、最近社用車の助手席によく女性が乗ってますけど、彼女が出来たんですか？」

「何言ってんの⁉　彼女なんていないし、助手席に女の人なんて乗せていないけど……見間違いじゃないの？」

「見間違えなんかじゃないです！　確かに毎朝助手席に女の人が乗っていますよ。彼女が出来たのなら、別に隠さなくてもいいじゃないですか〜」

当時、山本さんは独身で彼女もいないフリーの身。足立さんの発言に（何言ってんだこの人は⁉　冗談を言って、からかってんだろう）と思ったそうだ。

（三）へつづく

湯本泰隆（ゆもとやすたか）

新潟県長岡市出身。実家は代々続く占い師の家系。人々の記憶から消えた過去の歴史を調べ、それらを詳《つまび》らかにし、先人たちの思いを現代人へと伝えることを生業《なりわい》としている。学生時代は英語や中国語も学び、後天的マルチリンガル。そのため、日本の歴史や文化を海外の人に発信したりもする。大人の学びのサークル「ながおか史遊会」を主宰。渾名は「やんやん」「塾頭」。読書と史跡散策が大好物。かわいくて優しい妻と猫三匹に囲まれて、のんびり暮らしている。

鏡の向こうは？

新潟県長岡市は現在、十一地域から構成され、山から海まで有する自然豊かな工業都市に成長している。その歴史は古く、都市としての開発は、鎌倉時代くらいまで遡ることができるそうだ。そのため、長岡市内には、江戸時代以前から続く神社仏閣も数多く存在している。

これは、長岡市内のとある民間の教育施設で事務員として働いていた女性Mさん（五十代）が体験した話だという。

その施設が入っているビルは『誰もいない教室で社員が深夜零時過ぎまで仕事をしていると、隣の教室から大人や子どもなど、複数の人の話し声が聞こえてくる』とか、『霊感のあるパートさんが、小さな子供の霊を視《み》た』などという話が、いくつも報告されている。

その物件で過去に死者が出る騒ぎがあったというわけではないが、その施設がビルを丸ごと借り受ける際に、簡単なお祓いは済ませていた、と聞いている。これは、そのビルの四階のトイレで起きた怪異についての話である。

四階のフロアは入口から入って、正面に応接間、その奥、向かって右側に男子トイレ、左側に女子トイレという構造になっている。女子トイレは屋外に面した窓がある。窓から見てちょうど正面は、鏡がある洗面所になっているので、鏡の前に立つと、自分の背中に窓が見えることになる。

　男子トイレも、壁を隔てて同じ方角を向き、女子トイレとほぼ同じ造りになっている。外から見ると、女子トイレの窓と男子トイレの窓が隣り合って並んでいることになる。

　ある平日の晩、午後七時頃のこと。Mさんは、用を済ませると、手を洗うために洗面所の鏡の前に立った。ふと鏡に目をやると、後ろの窓のガラス越しに、外で何かが動いているのが見える。そのとき窓は閉まっていたが、目を凝らしてみると、真っ白い大きな手が、窓の外から手を振っているようだった。

「まるで、手招きしているかのように、自分の存在感をアピールしているようでした」

　と、Mさんは回想する。

　最初は、ギョッとした。何せここは四階。外から人の手が出てくるような高さではない。だが、すぐにMさんは平常心に戻った。

　フロア内には教室もあり、夕方からは中学生や高校生が勉強をしている。多感とはいえ、まだまだイタズラ心満載の茶目っ気のある子どもたちのことだ。Mさんは（きっと、隣の男子トイレにいる生徒が、女子を怖がらせようとして、ふざけて男子トイレの窓から、壁伝いに手を伸ばしているのに違いない）と、そんな風に考えた。現にその白い手も、壁沿いに出ているではないか。そう考えると安心し、思わず吹き出してしまったという。

ところがまもなく、Mさんの身体に戦慄が走った。

最初、壁沿いに伸びていた白い手は、そのまま壁伝いに上の方に登っていき、気がつくと、窓のてっぺんから下向きになり、こちらに手を振っているではないか。

さすがに、この状態は、どんな体勢をとっていたとしても、物理的に不可能である。

その瞬間、Mさんは気がついたのだ。（これは人ではない）ということに。

冒頭にも述べたように、この物件では過去に何か起こったというわけではない。少なくともそういった事実や噂話の類は、一切聞こえてこない。

ただ、ビルの正面には、道路を挟んで江戸時代以前から続く大きな寺院の境内があり、広大な墓地が広がっている。このことから、ビルのある土地自体が、霊の通り道——霊道——となっているのではないか、と筆者は按じるのである。また以前、地元で有名な風水鑑定士がそのビルを訪れた際に、運気が下がる、非常に良くない間取りである、といったとも伝わっている。そういった要素が重なり、怪異が続いていたのではないだろうか。

しばらくして、Mさんはその職場を離れた。そのため、今も同じビルで怪異が続いているのかは定かではない。

生と死の水面《みなも》で

新潟県中越地方にある長岡市は、戦時中に軍需工業が密集していたために、空襲の被害を受けた。市街地の約八割が、焼け野原となり、学童約三〇〇名を含む一五〇〇名近くの命が奪われたという。

町の中心部にはK川という川が流れ、やがては日本で一番長い川である信濃川の流れと合流する。空襲の際には、火の手を逃れるために多くの市民がこの川に身を投げた。そして、命を落とした。同じく避難をした市民でも、山の方へ向かって逃げていった人たちは生き延びたそうだ。一瞬の判断が、「生」と「死」を分かち、その後の運命をも決めてしまった。

川で亡くなった人たちは、さぞかし無念だったことだろう。もっと生きたかったことだろう。被害の中心部から近いK川付近では、今でも幽霊の目撃談が後を絶たない。

これは、その街に住むOさん（女性　三十代）から聞いた話である。

K川の近くは繁華街になっており、金曜日の夜にもなると、会社帰りのサラリーマンやOLなどの姿で賑わう。

その日も、仕事絡みの、ある会合の飲み会の帰りだったという。一緒に家路の方に向かっていたのは、Oさんの仕事仲間であり、親友である女性Eさんだった。Eさんは少し霊感があり、酩酊状態だと、更にその感覚が研ぎ澄まされるらしい。過去に何度も心霊体験をしているそうだ。

そんなEさんとOさんが、K川沿いの土手の上を歩いていた。二人とも酔ってはいたが、泥酔していたわけではない。ある場所まで来たとき、急にEさんの動きが止まった。

「川に……川に誰かいる……。〈熱い！　助けて！〉って、叫んでいるよう……。助けてあげなくちゃ！」

そういうとEさんは、突然土手を降りようとし始めた。慌ててとめるOさん。それでも、Eさんはまるで何かにとり憑かれたように、Oさんの制止を全身で振り払い、土手を降りようとする。

「助けなきゃ。あの子、助けなきゃ……」

うわごとのように、そう繰り返しながら、土手を降りようとするEさん。

「Eさん！」

思わずOさんがEさんの名前を叫ぶと、Eさんはハッと我に返った表情に戻った。

以下は、Eさん側からの視点による話である。

彼女が川沿いを歩いていたら、川の方から人の声が聞こえたような気がして、そちらの方を見ると、水面《みなも》から、腰から上を出した状態で、防空頭巾をかぶった小学校低学年くらいの男の子がこちらに向かって、

「助けて〜、お母さ〜ん！　熱い、熱いよ！　助けて！」

と叫んでいた。

「これは、生きている人ではないな」

と思った瞬間――。

水面が業火を映したかのようなオレンジ色に変わって、男の子の周りにも同じように叫び声や呻き声を上げている人々の上半身が現れた。

そしてEさんは、意識がすーっと遠のいていくのを感じた。

その後のことは、全く覚えていないという。

戦時中に亡くなった方が幽霊となって現れる話は、全国各地にある話の型のひとつではある。突然の死を受け入れられなかったのか、彼らの時間はあの時代で止まり、彼らの戦争は終わらないままなのだろう。

先の大戦終結から、八十年近く経とうとしている。その間、日本は戦争とは無縁の平和な国になった。かつての空襲で多くの犠牲者が出たその土地で、人々は、陽気に笑い、歌い、ときに楽しく飲食しながら暮らしている。〈そこで空襲があった〉なんて事実は、なかったかのように。もしくは、極力、なかったことにしようとしているのだろうか。

Oさんは回想する。

「あのまま、私が無理にでもひっぱっていかなかったら、Eさんは、そのまま持っていかれちゃっていたかもしれない……」

『生きる』とは何か。『生かされている』とは何か。そして、『生きている』とは、どういう状態のことを指すのだろうか。

Oさんの話を思い出すたびに、いろいろな思いが去来し、複雑な心境になる。

しゃがんでいるのは

「あの時間帯に、あんなことはありえないと思うんですよね」

訝しげにそう語るのは、長岡市の運転代行会社に勤めている女性Nさん（五十代）だ。

新潟県の交通事情は、とても不便だ。殊《こと》に、長岡市が位置する中越地区に住んでいると、それを痛感する。鉄道会社が一つしかないし、電車も一時間に一本程度しか通らない。バスの乗り換えだって、大都市程発達しているわけではない。結局、移動は自家用車が主流になる。お盆や忘年会、新年会の時期など、飲み会シーズンともなると、夜間の車道は、飲食店帰りのお客を乗せたタクシーや運転代行の車で、せわしくなる。


Nさんの仕事は、運転代行の中でも〈追っかけ〉と呼ばれるものである。お客の車を運転するスタッフと一緒に、お客の元に向かい、お客の車の後ろから随伴する。目的地まで走った距離分の料金を計測し、最終的にその額をお客に請求する。お客がいないときは、運転スタッフを助手席に乗せて、自ら運転して移動や待機を行う。ざっというと、このような感じで、二人一組で仕事をしている。

それは、お盆前のよく晴れた夜のことだった。Nさんは、当時勤めていた会社の社長と仕事をしていた。社長がお客の車を運転し、Nさんがその後ろを随伴する。その繰り返しの一日だった。深夜も二時を過ぎ、ようやくその日の仕事も、終わりが見えてきた。

「今日はそろそろ、終わりにするか」

社長にそのように促されて、Nさんは、車を会社のある方へと向かわせる。

それは、長岡市街地の繁華街を通り過ぎて、北西に進み、Y町にある商店街の道路を走行している最中だった。地方の商店街。深夜ともなれば、店は軒並み閉まっているし、人通りは皆無である。

だが、そこで——。

Nさんは突然、急ブレーキを踏んだ。

けたたましいブレーキ音が、静まり返った深夜の商店街に響き渡る。

「どうしたっ？」

助手席に座っていた社長が、目を見開きながらNさんの方を向く。

「今、横断歩道の上にいたんです！　男の子が！」

Nさんには、白いシャツに、黒の半ズボン、学帽を目深に被った小学校低学年くらいの男の子が、横断歩道の真ん中にしゃがみこんだ姿が視えていた。昭和の戦中を思わせる服装だ。男の子は、車のヘッドライトの光があたると、こちらを見て慌てて立ち上がった。口を開けて、「ああっ！」と驚きの声を上げたようだったが、すぐに姿を消したという。

「あれは一体、なんだったんでしょうね」

と、Nさんはいう。

いくら夜間とはいえ、天気が良く、視界も開けていた。今でもNさんは、自分が見たものは、決して見間違いなんかではなかったと、確信している。とはいえ、深夜に小学生くらいの男の子が、一人で横断歩道の上で遊んでいるはずもない。

件の横断歩道周辺を調べてみると、戦前や戦中はもちろん、戦後においても、その辺りで子どもが亡くなったという話は伝わっていない。ただ、伝わっていないからといって、そのような事実が全くなかった、ということでもないだろう。

地域の長い歴史の中で、事実そのものが、あまりにも悲しくて、強烈な内容だったために、〈忌《い》みごと〉として、地元人の口を閉ざしめ、次第に人々の記憶から抹消されていく……なんてことは、地方で採話をしているとよくまあ、でてくる話ではある。

ましてや、死者を慰める目的で建立された地蔵など、周辺にその土地のできごとを知る糸口となるものがなければ、尚更のことである。

スイッチを捻《ひね》ったのは？

かつて新潟県の県央地区に、古民家を改装した一軒貸しの施設があった。大正時代から続く比較的大きな家で、イベントへの貸し出しや宿泊も可能である。川沿いにあって、夜は人通りも少なく、静かで過ごしやすい。おまけに、寝やすい。

そんな物件でSさん夫妻は、仕事に関係したイベントをよく行っていた。

隣は葬祭場である。ただし、葬祭に使われることはめったにない。月に一度くらいのペースで、出棺のときは、車のクラクションが長めに鳴る音が聞こえるので、「ああっ、今日は出棺の日なんだな」とわかる。

Sさん夫妻はイベントの前日から大抵、一泊していたが、葬祭場の隣といっても、特に何かあるわけでもなく、穏やかに過ごせていた。

その物件は二階建てとなっており、夫妻は二階の奥の方で、布団を敷いて寝泊まりしていた。

イベント当日の朝だった。夫のSさんが目を覚ますと、一階の方から、人が話している声が聞こえてきた。

　室内はすっかり明るくなっている。頭上にある柱時計に目をやると、まだ午前六時であった。来訪者が来るには、早すぎる時間だ。とはいえ、そのまま放っておくわけにもいかない。Sさんは、眠い目をこすりながら、階下へと向かった。

　音がしているのは、台所の方だった。

　一階にある台所には、形式の古いラジオが備え付けられている。スイッチを捻って、電源を入れたり、選局を変えたりするタイプのものだ。

　台所に近づいて驚いた。ラジオがついている。

　二階まで聞こえてきたのは、ラジオの音だったらしい。電波の音に交ざって、パーソナリティーの男性が話す声が聴こえてくる。

「なんだ、ラジオか」

　ぎょっとしたSさんは、ほっと一安心した。ラジオを止めて、少し落ち着いたという。目が覚めてくるのと同時に、脳も少しずつ働き始める。思考がはっきりしてきた。

　そこでSさんは、ある奇妙なことに気がついた。

　一体ラジオのスイッチを誰がいれたのだろう？

　家でラジオを聴く習慣のないSさん夫妻は、この物件に滞在している昨夜から今朝にかけて、どちらもラジオのセットなんてしていなかった。そもそも、古いタイプのラジオなので、時間予約なんてできないのだ。

　少し悪寒を感じたSさんは、コップ一杯分の水を飲むと、気分転換に散歩でもしようと、外に出た。

　歩き始めて、隣の葬祭場にふと目をやる。

『○月△日　○○家告別式』
○月△日とは、今日のことだ。同じ町内に住んでいた高齢女性が亡くなって、告別式が行われるらしい。
　Sさんは、また悪寒を感じたという。

　基本的に、死霊というものは、現世に生きる我々の世界に、物理的に干渉することが不可能だと考えられている。それは、何かに直接触れたり、あるいは誰かを直接攻撃したりできないことを意味する。その代わり、電波や電磁波、そして時には香りなど、目に見えないものを使って干渉することができるという。

　誰もいない台所で突然電源がはいったラジオは、天寿を迎えつつも、まだこの世界に未練のあった女性の遺志によるものなのか、それとはまた別の存在の遺志によるものなのか。詳しいところは結局、わからず仕舞いであった。

中学校の大鏡

　花火で有名な町にある中学校の正面玄関のすぐそばには、大きな鏡がある。しかもその鏡は、普段は大きな覆いで隠されていて、鏡面全体を見ることはめったにない。どうして使用しない大きな鏡がそこにあるのだろうか。あまりにも実用的ではない。来校者や生徒の身だしなみを整えるためのものなら、もう少し小さめの鏡であってもいいはずだし、普段から覆いを外していても良いはずだ。覆いには『昭和○○年　卒業生一同』とあるので、どうやら卒業記念に学校へ贈られたものらしい。他の学校にはそのような大鏡がない分、由来が気になる。一方、鏡の立てかけられている壁には、次のような話が伝わっている。

　江戸時代の頃。元々、学校のあった土地には、武家屋敷があり、一組の若侍夫婦が住んでいた。結婚当初はお互いに気を使い、とても仲睦まじい様子だったという。

　ところが、ある時期を境に、男の方が豹変し、酒を浴びるように飲むようになった。それと同時に、次第に妻の元へ帰る時間も遅くなっていったという。男には、別の女がいた。

　ちょうど雪も降り始めた霜月の頃だと伝わる。その日も、男は浴びるように酒を飲み、不倫相手の家で寝泊まりし、翌朝に帰宅した。

男の帰宅を待っていた妻はその日、酒に酔った男を介抱しつつ、不倫の事実を詰問し、普段の生活態度を諌《いさ》めた。

ところが、男の方は、精神的に追い詰められたのだろうか、感情的になり、腰に差していた刀を抜き、そのまま妻を斬りつけた。男はそのまま、命乞いする妻に容赦なく、何度も何度も刀を振るい、妻はそのまま事切れた。そのときの返り血が、夫婦の寝所《しんじょ》の壁に勢いよくかかった。

その後しばらくして、酔いから覚めた男は、傍らに横たわっている妻の姿を見て、記憶を全て思い出した。そして、妻を殺めたその刀で自刃して果てた。家人を亡くしたその屋敷は、しばらくそのまま誰も住んでいなかったが、やがて取り壊されて空き地となった。

明治の世を迎え、その忌まわしい土地はある町人の手によって買い取られ、そこにはやがて学校が建てられた。

ところが、かつて夫婦の寝所だった場所にある白壁には、液体でもかけたような、赤味がかった染みが浮かび出るという。訝《いぶか》しく思った職人が、染みの上から何度も漆喰《しっくい》を塗るが、数日もしないうちに、その上塗りした漆喰の上から、また同じように染みが浮き出る。

埒《らち》が明かないので、しばらくはこれを放置しておいたという。ところが、その壁の前を男女の生徒が並んで通ると、その直後に女子生徒の方が必ず体調を崩したり、怪我をしたりする事案が複数発生した。

そこで当時の学校関係者は、やむなく壁の上に大きな鏡を立てかけ、生徒や来校者に見えないようにした。けれども、事態は変わらない。そこで、大鏡の前に大きな覆いを被せて、普段は鏡面に人が写りこまないようにしたところ、この怪異は収まったという。それでもときどき、誰も触れていないのに大鏡の覆いが一部外れていることがあり、そういうときは、男女並んで歩かないように、と学校では伝えられた。

時が経つにつれ、地元でも鏡を置いた経緯を知る人たちが次第にいなくなり、壁の染みの話も、大鏡自体の由来も、語る人たちがいなくなった。

「覆いが外れ、鏡面が見えるときは、男女は並んで歩かぬように」

理由は知らないが、その規則だけが、生徒同士の間で代々伝わった。

戦争中、その街は、大きな空襲にあった。この学校も街なかにあったため、例外なく空襲の被害を受けた。校舎は全焼し、いわくつきの壁も、焼失してしまった。大鏡だけを残して。

戦後、同じ場所に新校舎を建てることになったとき、かつて染みが浮き出る壁があったすぐそばには、正面玄関ができ、壁の前は体育館へと続く廊下となった。再び、壁には染みが浮き出てくる現象が発生し、前例にならって大鏡を設置した。その際に鏡の覆いを寄贈したのが、前述の卒業学年だったのだと伝わる。

大鏡は、普段は鏡面を覆われていて、直接見ることはできない。それでも、ときどき覆いの一部が外れているときがある。気がついた職員がその都度、直すようにしているらしい。だが、同校では未だに、「覆いが外れ、鏡面が見えるときは、男女は並んで鏡の前を通ってはならない」という不文律が、生徒の間に残されている。以上は、学校関係者から直接聞いた話である。

呪詛

読者の皆様は「丑の刻参り」と聞いて、どんな印象を持つだろうか。昔の習俗？　はたまた、迷信？　丑の刻参り発祥の地とされる、京都にある某神社では、二〇〇〇年代になっても未だに丑の刻参りに遭遇する人がいるという。

一九七四年五月四日付の朝日新聞新潟版。新潟県の某神社近くにある大欅《おおけやき》に藁人形が五寸釘で打ちつけられていたという記事が掲載されている。今からほんの五十年ほど前のことである。「呪い」は決して、〈過去の迷信〉なんかではない。

これは、筆者が友人のMさんから聞いた話だ。今から十九年前のことというから、二〇〇五年のことである。当時、心霊スポット巡りが趣味だったMさんは、仲間とちょくちょく新潟県内の心霊スポットを巡っていた。そのときはちょうど、訪れる心霊スポットもなくなって退屈していたという。ふと、燕市にある自宅のすぐ近くに、小さな寺があることを思い出した。特に変わった噂があるわけではない。近くを何度通っても、目に留まることもないような、到って普通の寺であった。Mさんは仲間たちに訊いてみた。

「そういえば、すぐ近くにお寺があるから、行ってみる？」

「いいね、行ってみよう！」

仲間たちの賛同を得て、Mさんは皆をその寺へ連れて行った。寺の裏は墓地になっていて、そこから二グループに分かれて散策する。Mさんのグループは墓地を過ぎ、寺の前方にやってきた。そこでMさんは、何故か寺の賽銭箱の裏が気になり、ライトで照らして何気なく覗いてみたという。そこには黒いティッシュボックスくらいの箱が置いてあった。

「おい、なんかあるぞ。来てみろよ」

Mさんは、仲間を集めた。仲間の一人が、

「なんだこれ？　何が入ってんだろ？　開けてみようぜ！」

とけしかける。

箱は黒いビニールテープで乱雑にぐるぐる巻きにされていた。その場は暗かったので、寺の近くのコンビニの駐車場に持って行き、明るい場所で開けてみることにしたという。なんとかビニールテープを剥いでみると、現れたのは古い木箱だった。恐る恐るゆっくりとフタを開け、中身を見た瞬間、Mさんたちは凍りついた。

中身はなんと藁人形であった。髪の毛が藁人形の身体中に絡みつき、こめかみとみぞおちの辺りには、錆びた釘を打ちつけた痕《あと》のような、周りに錆がついた穴が開いていた。お腹の辺りには紙が貼られていて、判読不明な文字が縦に三行ほど書いてあった。

「おい！　コレなんだよ⁉　ぜってーやべーよ！　戻そうぜ！」

仲間の一人が叫ぶ。

コンビニで黒いビニールテープを買い、箱に巻き直して急いで寺に引き返し、賽銭箱の裏に戻してすぐに帰った。

ところが、翌朝になると、Mさんはやたらとあの寺のことが気になり、木箱と藁人形をどうしても持ち帰りたくなってきた。昂る感情を抑えられず、一人でまた行くことにした。

だが、寺へ行ってみると、境内に奇妙な風体の男がいた。髪が長くぼさぼさで、冬でもないのに黒いコートを着て、黒い帽子を目深に被っている。そんな男がこちらに歩いてきて、擦れ違い際に、黒い箱を手にしているように見えたので、Mさんは慌てて振り返った。しかし、男の姿はどこにもなかった。近くに隠れられる場所はなく、消えたとしか思えない状況であった。賽銭箱の裏へ行ってみると、もう例の木箱はなくなっていたという。

その後、Mさんたちに何か障《さわ》りがあったということはないのだが、

「あの男が何者だったのか、未だにわからないんだ。でも、それで助かったのかもしれない。あのとき、普段は全く意識していなかった寺が突然、頭に浮かんだんだ。それに木箱がまだあったら、俺は家に持ち帰っていたと思う。藁人形に呼ばれていたのだろうな……」

Mさんは、当時を振り返り、そう語っている。

寝落ち

これは、新潟県内にお住まいの若い夫婦から聞いた話である。

元々二人とも新潟県出身だが、結婚する前は遠距離恋愛で、奥さんのKさんは新潟県内に住み、旦那さんのDさんは県外で働いていたらしい。そんな二人が、まだ交際し始めたばかりの頃のことである。

今ではだいぶ廃れてしまったが、当時は遠距離連絡用のコミュニケーションツールとして、スカイプという音声通話アプリがよく使われていた。その頃、Kさんは古民家で一人暮らしをしていて、Dさんと毎晩のようにスカイプで通話をしていた。深夜にスカイプで通話をしていると、眠くなる。寝落ちすることもしばしばあった。

ある夏の晩のことだった。いつものようにKさんがDさんと深夜のスカイプ通話を楽しんでいると、だんだんと意識が薄らいできた。

「そのまま寝落ちかな？」

と、Kさんは、薄れていく意識の中で思った。

するとは次の瞬間、急に身体が動かなくなった。〈金縛り〉だ。それは、Kさんにとって、生まれて初めての体験だった。まだ話し続けているはずのDさんの声も聞こえなくなった。

ふと気がつくと、部屋の中に人の気配を感じる。目線をそちらに動かすと、黒い靄《もや》のようなものが動いていた。

それが人のような形と大きさになる。背が高いので、男性らしい。しかも一人だけではなく、複数いた。五、六人はいただろう。女性や子供と思われる小柄な人影も目についた。

やがて黒い人影は話し始めた。何を言っているのか、言葉の意味を聞き取ることはできないが、笑い声が聞こえてくる。楽しそうであることは確かだった。

黒い人影は次第にその数を増やしていった。十数人はいたようだ。

やはり楽しそうな笑い声が聞こえてくる。賑やかだった。

ところが、少しすると、黒い人影は減り始めた。賑やかな話し声が聞こえなくなる。

黒い影が二、三人分まで減ると、笑い声が途絶えた。

最後は男性らしい長身の人影が一人分になった。

沈黙している。項垂れているようだ。

Kさんには、無言で佇む黒い影が、どこか寂しそうに思えたという。

やがて黒い人影は天井からぶら下がった。

両足が空を蹴って、ぶらん！　ぶらん！　と激しく揺れたが、じきに動かなくなった。

そして、すっと消えた。初めから終わりまで、数分のできごとであった。

「なんだろう、今のは？」

Kさんは、満身の力を振り絞って身体を起こした。何とか金縛りを解くことができたが、全身から脂汗が噴き出していた。

部屋にはもうおかしな気配もない。

「夢だったのかな……？」

そのとき、イヤホン越しにDさんの声が聞こえた。

「おーい、どした？」

心配そうに語りかけてくる。KさんはDさんに、それまでのいきさつを話したそうだ。

するとDさんが、

「そういえば、近くで大勢の人が笑っているような声が聞こえたよ。テレビかラジオでもつけてるのかな？　と思っていたんだけど……。実際、そんな感じに聞こえたからさ」

それでKさんは、夢を見ていたわけではなかったことを悟った。怖くなり、一気に目が冴えてしまったそうだ。

これが普段、怪奇な体験をしたことのないKさんが体験した、唯一の不思議なできごとだったという。その後、Kさんがこの家で黒い人影を視ることはなかった。

一過性のものだったのか、それとも、普段からソレらはその古民家にいて、Kさんの暮らしの中に潜んでいたのだろうか。たまたま波長が合ったことによって視えてしまったのだろうか。詳細はわからない。

しばらくして、二人は結婚して別の場所で同居することになった。現在、その物件がどうなったかは、知らないという。

新潟県には、大正から昭和にかけて建てられた古民家が数多く残っている。現在、定住促進も兼ねて、かなりの破格で貸し出したり、販売されている物件もある。ゆうに百年を超える古民家の中には、忘れ去られた何かが、今も存在しているのかもしれない。

〈連載〉助手席の女（三）

石動充徳

数日後、また足立さんが声を掛けてきた。

「ねえ山本さん。やっぱり彼女出来たんでしょ!?　毎日助手席に乗せて出勤なんてラブラブでいいですね～！」

山本さんは少し怖くなってきた。(冗談で二回もこんなことを言うだろうか？　もしかして本当に足立さんには女性が見えているのでは？）そんな風に思い、足立さんに本気で言っているのか聞いてみた。

「本当ですよ！　冗談でそんなこと言う訳ないじゃないですか!!」

「その女の人が、俺の車に乗ってんのを見るようになったのって、いつから？」

「え～っと、確か車検から車が返ってきた頃だったと思いますよ」

山本さんは、今は彼女もいないし、毎朝助手席に女なんか乗せていないと、少しキレ気味に足立さんに言った。

「マジですか!?　じゃあ私が見ている助手席の女の人って……」

それを聞いた足立さんは、顔がどんどん青ざめていった。

（四）へつづく

堀川八雲（ほりかわやくも）

新潟県新潟市出身。幼少期より怪奇な体験をよくしているが、怖さを感じないため不思議なこととしか思っていない。心霊番組を見て「私もこんな怖い体験をしてみたい！」と思っていた。知り合いからは、一緒に居ると怪異が起こるので〈やばい人〉認定されている。心霊写真も写りやすい、とよく言われますが、自分では写ったモノに気付いていないことが多い。

私は怪異を恐れない

今から三十数年前、私が六歳の保育園児だった頃に体験した話だ。当時は長岡市内の家族向けの団地に、父、母、私、妹、弟の五人で住んでいた。

その夜、いつものように家族でテレビを見ていたが、午後十時頃になると両親から「そろそろ寝よう」と言われた。私よりも幼い妹と弟は先に寝ていたので、一人で歯を磨いたり、パジャマに着替えたりしていたときのことでした。

急に、得体の知れない何かが襲ってくる――そんな気がした。

「怖い！」

心の中でそう思いながらも、何に対して恐怖を感じているのかは全く分からず、辺りを見回してみても、やはり原因は分からなかった。

「怖いよ！　どうしよう！」

私は両親に事情を話そうとしたが、上手く言葉にすることができなかった。

両親は何も感じていなかったらしい。

「何が怖いの？」

「何も居やしないよ。気にしないで寝なさい」

そう言われ、しぶしぶ布団に入ることにした。

布団は別々だが、両親と同じ部屋なので、寝られるかなと思ったが、目を閉じていても「何かが来る……」という原因不明の恐怖心は治まらず、眠気は全く訪れなかった。

遅れて両親も寝室にやってきた。電気を消して布団に入る。

電気が消えたことで、私の恐怖心はさらに増し、「怖い！　怖い！　怖い！」と、それしか考えられなくなっていた。

ここで不思議なのが、その日は怪談やホラーを扱ったテレビ番組などは見ていなかったし、事前に何か奇妙な現象が起きていたわけでもなかったことである。

時間が経つにつれて、寝息が聞こえてきた。両親が寝たのが分かった。

両親は隣に寝ているが、一人にされた気分になる。恐怖心がさらに増していった。

「どうしよう、どうしよう……。寝られないぞ」

しかし、子供心に、このまま寝られないなら逆に開き直って、この恐怖の原因を探してみようと思い立った。勇気を出して、閉じていた目を開けてみたのだ。

部屋の中は暗かったが、目が暗闇に慣れていたので、白い天井がよく見えた。布団から顔だけを出して、四方を見回してみたが、何も見えず、時間だけが過ぎていった。

どれくらい時間が経ったのか……。

壁に掛けてあった時計を見てみると、時計の針は午前一時を指していた。

当時は心霊ブームの時代で、怪談やホラーに関連したテレビ番組をよくやっていて、『真夜中になると霊の出現が活発になる』という情報を幼いながらも知っていた私は、余計に焦りを感じ始めた。

「もうこんな時間だ。どうしたらいいんだろう？」

と思った、そのとき――。

いきなり目の前に、髪の長い女性の顔が現れた。

びしょ濡れで、眉間に皺《しわ》を寄せて、目を剥いている。

次の瞬間、口を大きく開けて、私に噛みつこうとしてきた――。


そこから先の記憶は途切れていて、目を覚ますと朝になっていた。

時計を見ると午前七時になっており、いつのまにか寝ちゃったのかなと思い、上半身だけを起こしてみると、全身がびしょ濡れになっていることに気が付いた。

パジャマを着たまま、お風呂やプールに入ってきたかのように髪の毛からつま先まで濡れていた。仰向けで寝ていたのだが、布団と枕も私が寝ていた形で濡れている状態だった。

ただ、その周りには濡れたまま歩いてきたような形跡はなく、私と寝ていた場所だけが濡れていたのだ。

何が起こったのか分からず、両親からはおねしょをしたと思われ、ひどく怒られた。だが、おねしょは絶対にしていなかった。もしも仮におねしょだったとしても、仰向けに寝ていたのだから、顔までびしょ濡れになることは有り得ない。もちろん、天井から雨漏りはしていなかったし、そもそも雨が降っていなかった。

この体験以来、私は怪異に対して恐怖心というものを全く感じない人間になってしまった。怪談話は大好きで、心霊スポットにもよく行くが、怖いと思ったことはないのである。

これは肝心の部分の記憶がないため、私の憶測なのだが、もしかしたら、あの夜に現れたびしょ濡れの女性によって、何か凄まじい体験をさせられ、恐ろしさのあまり、記憶を知らぬ間に封印してしまったのではないだろうか？　そして、それ以上の怖い体験をしない限り、恐怖心を感じなくなってしまったのかもしれない、と今では思っています。

廃鉱山

今から八年前にスマートフォンで撮影した写真の保存用フォルダーを整理していたときの話です。

フォルダーを開くと、撮影した覚えのない写真が二枚入っているのが目に付いた。

「あれ？　こんな写真、撮影したかな？」

考えてみたが、撮影した覚えはなく、ピンボケで何が写っているのかもよく分からない。二枚とも同じ写真らしかった。

「もしかして誤作動で撮影されたものなのかな？」

そう思った私は、アンドロイドのスマートフォンを使っていたので、グーグルフォトというアプリケーションを使って、撮影履歴を調べてみることにした。

このグーグルフォトは、写真撮影だけでなく、スクリーンショットやダウンロードした画像も追加すると履歴を残してくれるので、いつ追加されたものか分かるだろうと思い、調べてみたが、この二枚に関しては履歴が一切なかったのである。

「この写真はどこから来たのだろう？」

不思議に思いながら、もう少し詳しく見てみることにした。

二枚とも縦画面で保存されていて、同じ写真のようだが、よく見ると、それぞれが少し横にずれて写っていた。

私だけでは分からないので、何人かの知り合いに写真を見せて、何に見えるか訊いてみた。すると、「人の顔に見える」と言う人も居れば、「横向きにすると山道のように見える」と言う人も居たが、その時点では、それ以上のことは分からなかった。


それから月日が経って、七年後。つまり去年のことだ。

私はとある動画配信サイトで心霊系の動画を観《み》ていた。動画の内容は、心霊スポットとして知られている新潟市西蒲区《にしかんく》の廃鉱山、間瀬銅山跡《まぜどうざんあと》に続く山道を車で走っていたときに、上から女性が一人で歩いてくるというものである。日中のことだが、雨の中を人が下山してくるので、急遽ガラケーで撮影した、古めの画質の悪い動画だった。

「どうしたのですか？　何かあったのですか？」

と撮影者が女性に声をかけたが、女性は反応することなく、車の横を通り過ぎていった。

女性の存在は気になったが、先に進むことにすると、すぐ先で土砂崩れが起きていて、それ以上は進めない状態だった。

「先程の女性はどこから来たのだろう?」

撮影者はすぐに引き返してみることにした。その道中に「見覚えのある風景だな」と私が思ったシーンが出てきた。

何度かそのシーンを見るうちに「七年前の例の写真と似ているな」と思い出した。そこで動画の似ているシーンをスクリーンショットにして見比べてみることにした。

「気になっていたので、写真を消さずに残しておいて良かった」

そう思いながら、写真を見比べてみたら、見事に一致してしまったのである。

私は間瀬銅山跡付近に行ったことはなく、それまで見たこともない場所で、なぜこの写真が私のスマートフォンに入っていたのか、余計に謎が深まった。

そのためSNSを通じて動画の撮影者に連絡を取ってみることにした。

無事に連絡が取れて、詳しい話を聞いてみると、この動画は十三、四年前くらいに一度アップロードしたが、わけあってアカウントが凍結されてしまい、同時に動画も一度は消されてしまったのだという。この動画が配信サイトから消えてしまった時期と、私のスマートフォンに撮影していない写真が入っていた時期が一致していたのだ。

その後、撮影者がアカウントを作り直して動画を再度アップロードした。それを私が見つけて、写真と一致していることに気付いたという流れである。

その場所に居る霊が、私を呼ぶために〈念写〉という形で、思いを届けてきたのだろうか？　今のところ、そこへ行く予定はないが、機会があれば行ってみたいと思っている。

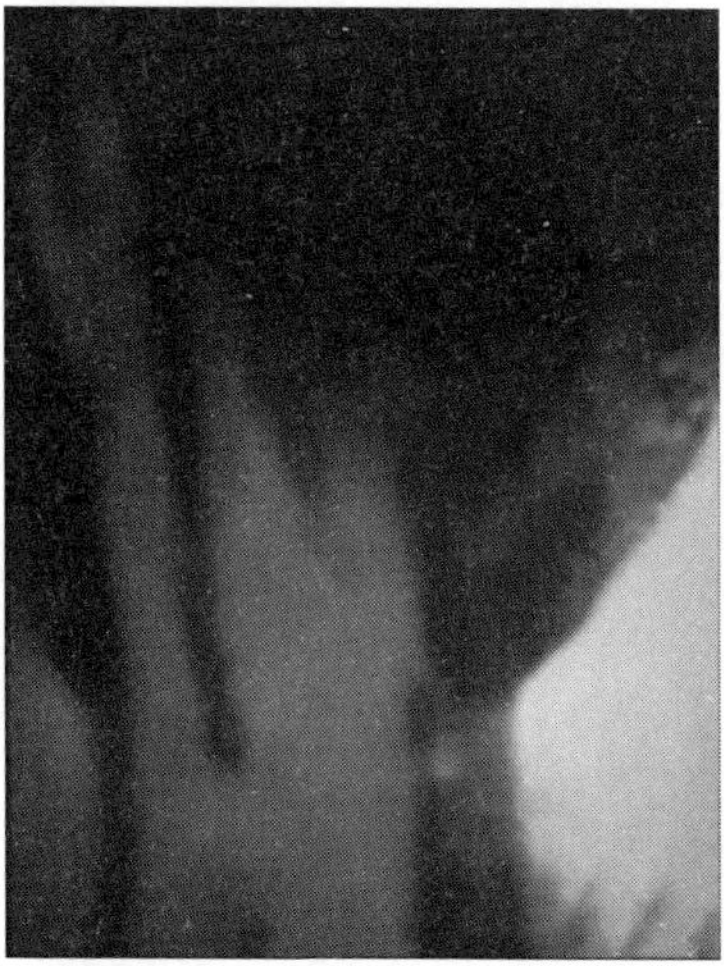

実際の写真の一枚。
縦向きの画像だが、横に向けると、山道と思われる景色であることがわかる。

新潟市の廃墟ホテル

今から八年前の夏、私は両親と新潟市内に住んでいた。これは知り合いのAさんに誘われて心霊スポットに行った際に体験した話だ。

その日は仕事が休みで、部屋でゴロゴロしていたときにAさんから連絡があった。

「今日の夜、心霊スポットに行くんだけど、一緒に行かない？」

「明日、朝から仕事なんだ。どうしようかな？」

「早めに帰るようにすれば大丈夫だよ」

「分かったよ。一緒に行く」

と私は返答し、夜九時に合流する約束をして、やり取りが終わった。

待ち合わせの時間まで暇だったので、昼寝をして疲れを取っておくことにした。

夜になり、待ち合わせの場所に行くと、Aさんとその友人が居て、「今日は三人で心霊スポットを回るから、よろしく」とAさんが言ってきた。

私も「よろしくお願いします」と挨拶して、車の後部座席に座った。移動中は暇だったので、スマートフォンをいじっていたが、気が付くと寝落ちしていた。「昼間あんなに寝て休んでいたのにな」と思ったが、それ以上は気にせず、一か所ずつ回っていった。

心霊スポットを回っていても特に何か起こることはなかったが、不思議なことに、移動中はなぜか毎回寝落ちしてしまっている状態だった。

「そんなに疲れてるわけでもないのに、今日はなぜこんなに寝てしまうのだろう？」と気になり出したが、原因は分からないし、気にしないことにした。

この日は結局、九か所の心霊スポットを回ったが、移動中はほぼ寝落ちしていた。

そんな中、最後に行ったのが、新潟市秋葉区にあるPというホテルの廃墟だった。

廃墟になってから少なくとも十年近くは経っているようだが、有名な場所ではないので、「ここにはどんな曰くがあるのだろう？」と思い、ネットで調べてみることにした。

検索してページを開いてみると、そこにはただ〈心霊スポット〉としか書かれておらず、「有名じゃないから情報がないのかな？」と思って、気にせず見て回ることにした。

一階は駐車場になっていて、そこに車を駐《と》めて階段を上り、部屋に入るタイプのホテルだったが、一階のシャッターは全部閉まっていた。

他に入れそうな場所を探してみると、従業員用の入口が開いていたので、そこから階段を上って二階に上がり、部屋を見て回ることにした。

各部屋を見ていて気になることがあった。少なくとも廃墟になって十年近くは経っていそうなのに、落書きがなく、窓ガラスも割られていなかったのである。これだけ時間が経っていれば、もっと荒らされていてもおかしくないのだが、やたら綺麗な廃墟だったのだ。

「これほど綺麗な廃墟も珍しいな」

などと話しつつ、スマートフォンで写真を撮りながら見て回っていた。

ネットにこれといった情報がないように、特に何かが起きることはなく、写真も見た限りでは変なものが写ってはいなかった。

ある程度見て回ったところで、「特に何もないし、そろそろ帰ろうか」とAさんが話しかけてきた。時間を確認してみると、夜中の二時になっていた。私は朝から仕事があることを思い出して、すぐに帰ることにした。

Aさんに車で送ってもらい、家に着いたときには、午前三時になっていた。

「もうこんな時間だ、とりあえず三時間も眠れば大丈夫かな」と目覚まし時計を午前六時にセットしてベッドに入り、身体に布団を掛けて横になった。

疲れていたのか、すぐに寝てしまったようだ。目覚ましの音が鳴って目が覚めた。

私は起きて仕事に行く準備をしようと、ベッドから立ち上がろうとした。ところが、そのまま前に倒れてしまった。それでも先に肘を突いて、顔は何とかぶつけずに済んだ。

「危なかった……。あんまり眠れていなかったから、ふらついたのかな？」

早く仕事に行く準備をしようと思い、立ち上がろうとする。だが、倒れた状態から身体を全く動かせないことに気付いた。

「あれ……？　おかしいぞ」

何度も身体を動かそうと試してみたが、全く動かない。

「何故、動かせないんだろう？」

特に具合が悪いとか、身体が重いわけでもないのに、やはり全く動かせない。

思い切って、全力を込めて身体を動かしてみようと考えて、やってみたら何とか立つことは出来た。ただ、力を入れた状態をキープしていないと立っていられないくらいにフラフラで、壁に寄り掛からないと歩けない状態だった。

とりあえず隣の部屋まで移動して一度休もうと、壁に寄り掛かりながら移動した。隣の部屋は和室で、座布団があったのでそこに座った。背もたれがないので手を後ろに突いて、身体を支えながら休んでいたが、今度は身体がどんどんしんどくなっていった。

「座って休んでいるのに、どういうことだ？」

過去にマラソン大会などで長距離を走ったことがあるが、そのとき以上の、今まで体験したことのないしんどさなのだ。

それに必死で耐えていると、今度は頭の中に直接、人の声が聞こえてきた。

「死にたい……」

黙って考えごとをしているときのような感じで、頭の中に女性の声が聞こえてくる。

「もう嫌だ……。居なくなりたい……」

いかにも自殺する人が考えるようなことばかりが女性の声で聞こえてきて、私の頭の中を埋め尽くしていく。

あまりのしんどさに横になってしまい、気が付くとその場で寝てしまっていた。

時計を見ると午前七時になっていて、「仕事に行かないと!」と起き上がろうとしたが、相変わらず身体をまともに動かすことができなかった。

今の状態では仕事に行けないと思い、職場に連絡をして休ませてもらうことにした。まともに動けないのは体調が悪いせいかと思ったので、ベッドに戻って休むことにした。

日中に何度か目を覚ましたが、身体の状態はなかなか良くならなかった。夕方、午後四時頃に目を覚ますと、やっと体調が本来の状態に戻って、しんどさもなくなっていた。

「元に戻って良かった!」

明日は仕事に行くぞ、と思いながら、夜になったのでまた寝ることにした。

いつもより早くに寝たせいか、翌朝は目覚ましが鳴るよりも先に目が覚めてしまった。目覚ましが鳴るまで横になっていることにしたが、隣の和室から畳を擦って歩く足音が聞こえてきた。最初は、両親が私よりも早い時間から仕事に行くので、出かける準備でもしているのだろう、と思っていた。

しかし足音を聞いていると、なかなか出かけず、歩き回っているだけだった。

そうこうしている間に目覚ましが鳴ったが、まだ和室の方から足音がしていたので、今日は仕事が休みなのかな？　と思い、確認してみることにした。襖を開けて和室を見たが、さっきまで足音がしていたのに誰も居なくて、足音も消えてしまっていた。

「あれ……？」他の部屋を見ても両親は居なくて、さっきの足音は何だったんだろう？と不思議に思ったが、出かける時間になったので仕事に行くことにした。

夕方、仕事から帰ってきてから両親に訊いてみたが、「その時間には、もう仕事に出かけていたよ」と言われた。

「何か別の音が、足音みたいに聞こえたのかな？」

私は気にしないことにしたが、それから一週間続けてその足音が聞こえたので、さすがにこれは何かおかしい、心霊スポットに行った後から変なことが起きていると思い、霊感がある知り合いのBさんにあの日、撮影した写真を見てもらうことにした。

Bさんは、最後に行った廃墟ホテルの写真のうち、三枚の写真を指差してきた。

三枚の写真はそれぞれ違う部屋を写したものだが、「部屋の窓に女性の影が写っています」とBさんは言った。私が気づかずにいたものだ。

「それぞれ違う部屋の写真に、同じ女性の影が写っています。この時に付いてきたんだ。堀川さんに取り憑いて、連れて行こうとしていたんでしょう」

どうやら女性の霊に憑依され、一つの身体に魂が二つ入っている状態となり、それぞれが違う行動を取ろうとしていたために、脳が混乱して身体が動かせなくなってしまったが、私が全力で動いたので主導権を取り戻して解放された、ということだったようだ。

この写真を見せた次の日から、Bさんが自宅で寝ていると、写真に写っていた女性と思われる黒い影が出てきて、首を絞められるという夢を二日連続で見たそうで、相当危険な霊だったようです。

後日、心霊スポットに関するサイトをネットで見たら、誰が書いたのか、この廃墟ホテルの記事があり、曰くとして私の体験談が載っていた。この廃墟ホテルはその後、取り壊されて今はもうないが、皆様も心霊スポットに行く際は、こういうことが実際に起こる危険があることを覚えておいてほしい。

（注）……廃墟への無断侵入は「建造物侵入罪」「軽犯罪法違反」などで警察に逮捕される可能性がある。このケースは三年以上が経過し、時効が成立している。

探し物

これは私が七年前にバドミントンの練習帰りに体験した話だ。

新潟市内にある学校の体育館を借りて、午後七時から午後九時まで練習しているバドミントンサークルで、そこには週三回くらい通っていた。

練習が終わってから最寄り駅までいつも夜道を歩いて帰っていたのだが、時間が四十分くらいかかるので、スマートフォンにイヤホンを付けて音楽を聴きながら帰っていた。

いつも同じ道を帰るのだが、途中に住宅地と公園がある通りを通っていた。

この場所は進行方向の左手に家が並んでいて、右手に公園がある。百メートルくらい先に十字路があり、そこまで公園が続いている道だった。

この道に入ったときに通知音が鳴ったので立ち止まり、ポケットからスマートフォンを取り出して確認してみると、ラインのメッセージが届いていた。

イヤホンを付けて音楽を聴きながらだと危ないな、と思い、返信する前に車が来ていないかを安全確認してみた。顔を上げて辺りを見回してみると、車は来ていなかった。ただ、百メートル先の十字路の左側から人影が出てくるのが見えたが、右側の公園がある方へ歩いてゆくようなので、ぶつかることもないだろうと思い、返信することにした。

時間にして十秒くらいで返信して、スマートフォンをポケットにしまい、さて帰ろうと顔を上げて前方を見たときに、先程現れた人影がまだ十字路の真ん中に居たのである。

幅の狭い道なので、普通なら十秒もあれば、公園がある方に抜けていないとおかしい。

「あの人、なぜまだあんなところに居るのだろう？　何をしてるんだ？」

私はそんなことを考えながら、進行方向だったので、その相手を見ながら進んでいった。

相手は女性だった。遠くから見た感じだと、白いワンピースのような服装で、髪の毛は少しボサボサで肩くらいまでの長さがあるように見えた。

さらによく見ていると、かなりスピードが遅いが、右方向に進んではいた。

「ちょっとアブない人なのだろうか？　それか障碍をお持ちの方なのかな？」

なおも色々と考えを巡らせながら進んでいた。

顔が見えないので女性の年齢はよく分からなかったが、距離が近くなるにつれて、服装がより詳細に分かってきた。白いワンピースだと思っていたのは真っ白な着物で、白装束のようである。肩くらいまである髪の毛だと思っていたのは、ボロボロの黒い布のようなものを頭から被っていたのだ。

私には、死神のように見えた。

女性は公園を囲んだ柵の手前で、私に背を向ける形で立ち止まった。

そのとき私は女性の斜め後ろの位置に居たが、女性はこちらを気にする様子もなく、公園の方を向いたままだった。

「これだけ近くにいれば、普通はこちらをチラッとでも見て、気にするはずなのに……」

そう思いながら後ろを通過しようとしたときのことだった。

女性は公園の方を向いたまま、何かを探しているかのように、左右に身体をユラユラと揺らし始めた。

「やっぱりちょっとアブない人なのかな？」

急に襲い掛かってくるかもしれない。私は警戒しながら女性の後ろを通過した。

だが、左右に揺れていること以外に何かをする様子はなく、無事に通過することが出来た。とはいえ、家に帰り着いてから先程の着物の女性について冷静に考えてみると、「あれは本当に生きている人間だったのだろうか？」という不可解な点をいくつか思い出した。

とにかく身なりが変だったし、歩くスピードも異常なまでに遅く、歩き方もおかしかった。どのようにおかしかったのかというと、着物を着ている人が歩く際は通常、足首から上の肌を見せないように膝を上げない歩き方をするものだが、膝を高く上げて歩いていた。

それで着物の裾がめくれていたにも拘らず、足を見た記憶がなかったのだ。

そしてその大きな動作と歩幅や移動スピードが合わないこともあり、ますますおかしいと思えてきて、「あれはもしかしたら幽霊だったのでは?」という考えが浮かんできた。

次回にあの着物の女性を見かけたら、写真を撮影しておこうと思った。先程はちょっとアブない人なのかと思い、撮影しては失礼だろうと、何もしていなかったからだ。

しかしその後、同じ時間に同じ道を通っても、着物の女性を見かけることはなかった。


それから月日は経ち、去年の夜中、電話で知り合いと話していたときのことだ。

私は知り合いにこの話を聞かせていた。

まさにその最中だった。「ごめん! ちょっと待ってくれ!」と知り合いが言い出したのだ。彼が住むアパートのインターホンが鳴らされた。時間は午前二時頃だというのに、連続で鳴らされているのだという。

「鳴ってるんだよ! いま! こんな時間に来る人なんて、居ないはずなんだけどな!」

「……確認しに、行ってみたら?」

そんなやり取りをして、知り合いが玄関までドアの覗き穴を確認しに行った。

「うわあああっ!」

悲鳴が聞こえたかと思うと、少しして知り合いが電話に戻ってきた。

「た、大変だっ！」

「どうしたんだ⁉」

「外を、覗き穴から見たら……着物！　女が居たんだ！　ドアの向こうに……白い着物を、着た女がっ！」

その女性はちょうど立ち去るところで、横を向いた着物姿が一瞬見えたのだという。

そこまで話を聞いたときに、私は「たぶん、あのときの女性だ！　きっと何かを探しているんじゃないか？」と思った。

もしかしたら、私の目撃談を聞いた人のもとに現れるのかもしれない。そうだとしたら、探しているのは〈物〉ではなく、人物なのではないかと思った。

着物の女性はその人物に辿り着いたとき、何をするつもりなのだろうか？

現在のところ何も分かっていないので、何か進展があれば、続きを話したいと思います。

〈連載〉
助手席の女（四）

石動充徳

ここで山本さんは気付いた。社用車が、車検明けから直ぐに助手席のドアが開かなくなった時期と、足立さんが助手席に女が乗っているのを見るようになった時期が一致することに――。そして、現場事務所の目の前は墓場であり、駐車場は墓場の真横にある。更に言えば、未だに助手席のドアは開かないままであった。（これってもしかして……幽霊が社用車の助手席に乗りっぱなしってことか⁉　俺は毎日幽霊と一緒に通勤してたのか⁉）

山本さんは恐怖で背筋が凍り、全身から冷や汗が溢れてきた。

怖くなった山本さんは、直ぐに自分が乗っている社用車のところへ行き、（成仏して下さい！　助手席から降りて下さい‼）と念じて必死に手を合わせた。そして、恐る恐る助手席のドアに手を掛けた。

すると、今まで開かなかった助手席のドアが、いとも簡単に開いたのである。山本さんはこの時、（女の霊が助手席から降りてくれた……）と直感したという。

その日以来、山本さんの社用車のドアは正常に開閉するようになった。事務員の足立さんも、同日を境に助手席に乗った女を見ることはなくなった、とのことである。（了）

撞木（しゅもく）

群馬県出身在住。「高崎怪談会」にスタッフとして参画。共著に『群馬怪談　怨ノ城』『実話怪談　怪奇島』（竹書房）がある。

幼い頃より不思議な話、妖怪、民俗学に興味があり、体験談を蒐集《しゅうしゅう》している。狐と狸は狐派。海鮮料理が好き。母方の親族が佐渡出身の為、何度か島を訪れている。

佐渡の狸は

新潟県の西部に位置し、日本海に浮かぶ佐渡島は、日本国内の島としては沖縄本島に次いで二番目に大きい（注）。北には大佐渡山地、国中平野《くになかへいや》を挟んで南には小佐渡山地がある。最高峰は大佐渡山地の金北山《きんぽくさん》で、一一七二メートル。国中平野の北東部には、日本百景の一つで、新潟県内で最大、日本国内の離島でも最大の湖沼、加茂湖《かもこ》も存在する。

サドノウサギやサドモグラなど、ここにしか生息していない固有種の動物が多く、一度は日本産が絶滅したトキも保護活動によって、その数を増やしている。

雄大で自然が豊かな佐渡だが、意外な事に狐は生息していない。

その理由として、昔、団三郎と呼ばれる佐渡の化け狸の総大将が、佐渡から狐を追い払った為、という伝説が残っている。

実際に島を訪れて「狐はいますか？」と訊いても、

「狸はいるけど狐はいないね」

と島民は口を揃えて言う。

今から六十年程前、島で農業を営んでいたHさんが、田んぼの脇で一服しようとした時の事だった。

田んぼの裏は雑木林になっていて、そこから一匹の狸が顔を出した。何やらこちらの様子が気になるのか、顔を出したり、隠れたりしている。

Hさんは気付いたものの、見て見ぬふりをした。

狸といえば、先日も知人から、

『お酒を呑んで、夜道を一人で歩いていたところへ、とても綺麗な女人が現れ、「お風呂に入っていきなさい」と言われたが、気付いたら肥溜めの中にいた』

などという話を聞いたからだった。

「冗談じゃねえよ」

Hさんは小さく呟き、立ち上がって田んぼに戻ろうとした。

ところが、

「……っ!!」

顔を上げた瞬間、思わず息を呑んだ。

目に見える世界が逆さまになっている。

雑木林や田んぼの地面が頭上に広がっており、青葉が茂った木々の梢が下に向かって伸びている。本来なら地面に当たる足元に青空が広がっていた。

(何だこりゃっ……!!)

ひどく慌てて、思わず目をつむった。

すると脳裏に先程の狸が浮かんできた。

(あいつの仕業か……。俺をダマそうとしているのかな?)

何とか心を落ち着かせようとする。

もう一度目を開けてみたが、世界は逆さまのままであった。

上下が反転しているので、感覚がおかしく目が回り、気持ちが悪くなってきた。足元の青空に吸い込まれそうな気がしてくる。

そこでHさんは大きく息を吸い、顔に険を作って前方を睨むと、下腹に力を籠めて「ううんっ!!」と力んだ。

(俺は狸にダマされはしない! 絶対に俺は狸にダマされはしない!)

心の中ですがる様に唱える。

それでも景色を見ていると気持ちが悪くなるばかりなので、瞼を閉じて唱え続けた。

緊張したまま静かに時が過ぎてゆく。

暫くして、そっと瞼を開いてみると……。

――元の世界に戻っていた。

ほっと胸をなでおろし、すぐさま雑木林の方を確認したが、先程の狸はいなくなっていて、風の音が聞こえるだけだった。

Hさんは後にも先にも狸にダマされそうになったのは、この時だけだったが、その後も人づてに狸にダマされた話を何度か耳にしたそうだ。

（注）……島大陸とも言える北海道、本州、四国、九州や、北方四島を除いた場合。

月夜と桜と

新潟県中条町《なかじょうまち》はかつて北蒲原郡《きたかんばらぐん》にあった町で、現在は黒川村と合併して胎内市《たいないし》となっている。市名の由来となった胎内川は、旧黒川村地域の飯豊連峰《いいでれんぽう》を水源とし、日本一小さな山脈とされる櫛形山脈《くしがたさんみゃく》を横切り、平野部の旧中条町地域を経て日本海へと流れ込む。旧中条町地域は湧水が豊富で、稲作やチューリップ栽培などの農業が盛んだが、日本海沖にガス田や油田がある事から、大手企業の工場も多い。

また、胎内市には、〈巫女《みこ》どん〉もしくは〈はっけおき〉と呼ばれる女性がいて、青森県のイタコや沖縄県のユタなどと同様に、死者の言葉を遺族に伝える風習が今も残っている。そんな巫女どんにまつわる話を聞いたので、ここに記しておきたい。

二十代の男性Sさんは、旧中条町地域の大きな旧家に生まれた。

彼が小学校低学年の頃。自宅で母親が消し忘れたパソコンをいじっていて、見よう見真似でインターネットの検索をしていたところ、突然、戦争に関連した残虐な画像が現れた。驚いたのと同時に、見てはいけないものを見てしまったと思い、すぐに画面を閉じたが、心に大きなショックを受けてしまった。

以来、普通に生活を送っていても、急に恐怖に襲われ、パニックで過呼吸になったり、夜中にうなされて、眠れない様になってしまった。

頻繁にそういった事が起こるので、両親はSさんを病院に連れて行ったが、特に原因は見つからず、改善されぬまま、日々が過ぎていくばかりだった。


ある日、Sさんは夜中に布団から起き出した。

小学校低学年だった事から、両親と一緒に寝ていた為、母親が気付き、トイレだろうと思ったそうだ。しかしそんな予想とは裏腹に、一向に帰って来る気配がない。母親は不安に思い、部屋を出てトイレに向かおうとしたが、隣の部屋の扉が少し開いていた。中を覗くと、Sさんが床に座り込み、カーテンの隙間から窓の外を見つめている。

視線の先には、夜空に煌々《こうこう》と輝く月が出ていた。

「――S？」

母親はおそるおそる声を掛けた。

Sさんは母親の言葉には全く反応しなかった。

母親が近付き、肩をゆすりながら声を掛けたが、返事は返って来ず、ただひたすらカーテンの隙間から月を眺めている。肩を何度も繰り返しゆすったが、Sさんはただ月を眺め、ぼんやりとしていた。永遠に続きそうな重い沈黙の中で、Sさんは何かに納得したのか、急に立ち上がり、母親には目もくれず、元いた部屋に戻っていった。

それからSさんは、月夜になる度に同じ事を繰り返す様になった。不思議な事に雨の夜や新月の夜など、月が出ない夜には、この行動は見られなかった。

夢遊病の症状と似ていたが、明らかに違っていたのは、Sさんに月を眺めていた時の記憶が残っていた事だという。いつも突然、自分の中に別の何者かが入り込んで来た様な感覚がある。それが起こると、身体の自由が利かなくなってしまう。その状況を家族に話そうとしても、幼い為になかなか上手く伝える事ができずにいたそうだ。

Sさんは両親の考えで、巫女どんに視《み》てもらう事になった。

その日、Sさんの家にやって来た巫女どんは、Nさんという小柄な中年の女性で、玄関の戸を開けるなり、こう言った。

「水を一杯ください」

その声が訪れた女性に似つかわしくない、しわがれた低い男性の声に聞こえたので、Sさんは子供ながらにとても驚いた。それは今でもよく覚えている、という。

母親がコップに水を注いで差し出すと、巫女どんはそれを美味しそうに飲み干した。そして、いきなり普通の女性の声に戻って話し始めた。

この巫女どんの御祓いは、成仏できていないものを一度、自分の身体の中に入れ、対峙して成仏させる方法を採るらしい。

巫女どんはSさん達の前で、数珠を取り出し、お経を唱え始めた。

数十分でお祓いは終わったそうだ。

それから巫女どんは、Sさん達にこんな話をした。

「ここの家《うち》のお庭にお墓がいくつかあるよね。その中に崩れた古いお墓があったね。息子さんに憑いていたのは、そのお墓の人だったね」

さらに巫女どんは、Sさんにとり憑いていた死者の言葉を代弁していった。

「本当は、おらはそこの墓に納められるはずではねがった《なかった》。別のとこに納めてもろいて《もらいた》がった《かった》。お墓を別のとこに移してもろいてんさ《もらいたいのさ》。わかってもらいたくて、あの男の子に憑いたんだわ」

そこまで語ると、巫女どんは少し間を置いて、こう告げた。

「幼い子に憑いたらわかってもらえると思ったんだね。でも、おっかね思いさせて『かんべんね』と謝っていたよ」

確かにこの家の庭の隅には、家墓が並んだ一画があり、石塔が半ば崩れてしまった古いお墓が一基あった。先祖の誰かのお墓ではないか、という事以外は何も伝わっていないものだった。どうやら血縁者ではなく、おそらくは身寄りのない死者を先祖が気の毒に思って、家墓に葬ってやったのだろう。

両親は早速、菩提寺の住職に話をし、手続きを踏まえて、その古いお墓を移動させたそうだ。それ以降、Sさんの症状は良くなり、夜もよく眠れるようになって、ぶり返す事はなかった。

Sさんは今でもたまに夜空の月を眺めると、ふとこの一件を思い出す時があるという。
「気の遠くなる程の長い間、庭の片隅でひとりぼっちのまま、こんな風に月を眺めていたのかな……と考えると、とても恨む気にはなれないんですよね」

との事である。

＊

それから月日が過ぎて、Sさんも成長し、高校生となっていたある朝。
いつもと同じ様に学校へ向かう坂道を自転車で通り過ぎようとした時、自分の頬を伝うものがあった。

「……え……？」

Sさんは驚き、頬を触った。

そこには確かに、目からこぼれ落ちる涙があった。

（何で、涙が出てくるんだ……？）

思わず自転車を漕ぐ足が止まる。ほたほたとこぼれる涙をぬぐいながら、動揺した。心情は辛い、とか悲しい、などの思いはなく、ただ涙が止まらない。ちょうど部活の試合やテストが重なっていたので疲れているのだろうか、と気持ちを切り替えて再び学校を目指した。

しかしそれからというもの、家にいる時や学校にいる時は何でもないのだが、登下校時になると、目から涙が自然に溢れてくるというのだ。考えを巡らせてみるが、思いあたる節もない。そんな症状が何日も続き、さすがにSさんもおかしいと感じ、母親に相談をした上で、以前にお世話になった、巫女どんのNさんに視てもらう事にした。

家にやって来たNさんは、Sさんを視るなり、「よくこんなで大丈夫だったね」と言った。おびただしい数の死者が、Sさんに憑依していたというのだ。

今回も祓ってもらい、事なきを得たが、そのうちの一人は、Sさんと同じくらいの年齢の子で、若くして病気で亡くなってしまったのだという。

「無念と羨望から、Sさんにとり憑いてしまったんだね。……桜の時季になったら、学校の階段の踊り場の上に窓があるでしょう。その窓のところに桜の花びらを一枚置いて欲しい、と言ってるんだわ」

とNさんは言った。

Sさんは約束通り、桜が開花すると、花びらを一枚持って、学校の階段を目指した。春の日差しが心地よい、穏やかな日だったという。踊り場の上に窓があり、そこの額縁に桜の花びらをそっと置いた。

(……供養になるといいな……)

Sさんは静かにそう思った。

立ち去ろうとしたが、ふと気になり、振り返った先の窓からは、見事なまでに咲き誇る桜並木が見えていたそうだ。

戸神重明（とがみしげあき）

群馬県高崎市出身在住。怪談作家。単著に『幽山鬼談』『いきもの怪談　呪鳴』『上毛鬼談　群魔』『群馬百物語　怪談かるた』『怪談標本箱　毒ノ華』『同　死霊ノ土地』『同　雨鬼』『同　生霊ノ左』『恐怖箱　深怪』、編著に『群馬怪談　怨ノ城』『高崎怪談会　東国百鬼譚』がある。ほか共著多数。イベント「高崎怪談会」を主催。海は太平洋よりも日本海派。子供の頃には毎年夏になると、柏崎市笠島の海で遊んだ思い出がある。

黒い森

昨年二〇二三年に私は『幽山鬼談』（竹書房）という山の怪談集を刊行した。その際に『山での怪奇な体験談をお持ちの方は提供して下さい』とSNSで呼びかけた。すると、多数の方から情報が寄せられたのだが、その一つに本書の共著者である〈怪異に恐怖を感じない男〉堀川八雲さんの体験談があった。ただ、本書『新潟怪談』の計画も浮上していたことから『幽山鬼談』への収録は見合わせて、一旦寝かせていたものである。

二〇一六年、夏の夜。堀川さんは、怪異スポット巡りを趣味とする知人たちと、通称〈黒い森〉と呼ばれる廃鉱山へ向かっていた。そこは東蒲原郡《ひがしかんばらぐん》阿賀町《あがまち》の山中だが、明確な場所は特定されておらず、県道十四号などから分かれる林道沿いの山一帯のことらしい。

同じ名で有名なのは、〈本家〉ドイツのシュヴァルツヴァルト（ドイツ語で〈黒い森〉の意）である。元来はブナやモミなどの原生林だったが、木々の伐採と針葉樹であるドイツトウヒの植林によって、黒っぽく見える森になったことが名の由来だ。

阿賀町北部も杉林が広がっていて、その濃緑の葉から黒っぽく見える山が連なっている。

杉は冬場も落葉せず、森の中は昼間でも薄暗い。誰が呼んだのかは不明だが、確かに〈黒い森〉とは、よく言ったものである。とはいえ、怪異スポットマニアが名づけた通称なので、地元の住民に訊いても「どこのことかわからない」「そんな名前で呼ばれていたとは知らなかった」「不法侵入をされて迷惑している」などと言われることが多いという。

なお、この辺りは植林された杉が多いが、天然の杉も残っていて、地表から二メートル以上の位置で幹が多数に分かれた大木の〈台杉状《だいすぎじょう》天然杉〉が点在している。

さて、新潟版〈黒い森〉では、どんな現象が起きているのか？　それについては今回、同じく共著者の一人となった樋口雅夫さんが教えて下さったので、先に紹介しておきたい。

「大学生の若い男性から聞いた話です。夜に黒い森へ彼女と肝試しに行ったそうなんです」

その二名が車から降りて、近くを歩いていたところ、懐中電灯を手にした彼女が森の中を指差して、「あそこを見て！　真っ黒な人が立ってる！　こっちに来るよ！」と金切り声を上げた。男性も灯りを向けてみたが、木立と暗闇しか見えなかった。それでも彼女がひどく怖がっているので、車へ戻り、逃げ帰ってきたそうだ。

ほかにも人の形をした黒い影が森の中から大勢出てくるとか、生きた人間を攫って、森の奥まで連れ去ってしまう、といった物騒な噂もあるらしい。

「もう一つ、六十代の女性から聞いた話があります。昼間のことだったそうです」

その女性が、春に夫婦でこの辺りの山へ山菜採りに行ったところ、夫が言った。

「珍しいな。こんげ所《こんな》に子供がいるなんて……」

「えっ？　どこにいるの？」

「だあすけさ《だからさ》、あそこにいるよ。ほら！」

夫が指差した方角に女性が目を向けると、確かに杉の大木の後ろから、十歳未満の子供のものと思われる細くて短い腕が覗いていた。黒い長袖の上着を着ているらしい。

ところが、腕は次の瞬間、夫婦の目の前から消え失せた。

驚いた夫婦は、すぐさま大木に近づき、その裏側を見たものの、誰もいなかったという。そもそも熊が頻繁に出没する山奥で、子供が単独で来られる場所ではないのだ。


では、ここから話を堀川八雲さんの体験談へと戻そう。

この夜、堀川さんは、知人のAさんが運転する車の後部座席に乗っていた。助手席にはAさんの友人であるEさんも乗っていた。ほかにもう一台、別の知人三名が乗る車が同行していた。いずれも当時は二十代後半から三十代前半だった男性たちである。別の知人の車が先行し、堀川さんが乗るAさんの車は後ろに続いていた。

阿賀町には、ほかにも不気味な廃旅館や、女の死者が出ると噂されるトンネルなどがあるが、中でも〈黒い森〉は突出して恐ろしい場所だと考えている向きもあるらしい。

実際に車で林道を上ってゆくと、現在も林業を営む人々が山に入っているので、路面の多くはアスファルトで舗装されている。ただし、路肩には草が生い茂っていて、道にはみ出している場所が多い。ときにはフロントガラスにまで伸びた草がぶつかってくる。

車一台通るのがやっとの道で、対向車が来れば幅員《ふくいん》が広くなった場所まで、かなりバックしなければならない。だが、路肩から伸びた草によって後方の確認はしづらく、バックするのは極めて困難といえる。そのため知人二名はひどく緊張していた。とくに運転しているAさんは、顔が汗びっしょりになっている。

「何だか、空気が違うな」

「ああ。空気が重い感じがするよね。それにさっきから、ちょっと頭が痛いんだ」

などと話していたが、後部座席の堀川さんだけは平常心を保っていたという。

やがて何の前触れもなく、そのときは訪れた。

前を行く知人の車を追いかけるうちに、突然、車が止まってしまったのだ。

急ブレーキを掛けたように車体が大きく揺れて、堀川さんは身体が浮き上がるのを自覚した。そして前にある運転席のヘッドレストに額をぶつけてしまった。

「うわっ！　な、何だ……？」

ブレーキが軋む音はしなかった。車の前方が何か大きなものにぶつかったような衝撃を受けて、独りでに停止してしまったのである。

先行車は何事もなかったかのように前方を進んでゆく。Aさんの車だけが停止していた。

「何かにぶつかったのかい？」

堀川さんはそう訊ねたが、Aさんは慌てて首を横に振った。

「何もないよ！　ブレーキも踏んでないし！　何で停まってるんだ⁉」

確かに、車のヘッドライトが照らす前方には何もなかった。Aさんは先行車を追いかけようとアクセルを踏み込む。しかし、彼のオートマチック車は少しも前に進まなかった。

「変だなぁ！　どういうことだ？」

もう一度、アクセルを踏み込んだが、エンジンが唸っただけで、車は動かない。Aさんがギアを確認すると、シフトレバーがニュートラルの位置に入っていたのである。

「そんな馬鹿な……。さっきまでドライブに入れて走っていたし、ギアなんかいじってないのに、何で切り替わっているんだよ⁉」

ちなみにAさんの車は年式が古くて、自動ブレーキ（衝突被害軽減ブレーキ）は装備されていなかった。

「気持ち悪いな！　早く行こうぜ！」

Aさんは緊張した掠れ声でそう言うと、ギアをドライブに入れて先行車を追いかけた。

その後は何も起こらず、林道の終点まで辿り着いたので、県道十四号を走って帰ろうとしたが、またもやこの車だけが突然、何か大きなものにぶつかったような衝撃を受け、停止してしまった。見れば、やはりいつの間にか、ギアがニュートラルの位置に入っていた。

もしも先行していた知人の車が後ろを走っていたなら、追突されていた可能性もあった。それを思うと、〈恐怖を感じない男〉の堀川さんでも、あまり良い気はしなかったそうである。なお、Aさんの車は古いながらも手入れがよくされており、ギアの異常が起きたのは、この夜だけだったという。

（注）……この林道は通行が困難なので、行くことはお勧めしない。また、森は地権者が管理しているため、許可を得ずに林道から外れて森の中に入ったり、鉱物の採集や植物の伐採、ゴミの不法投棄などの迷惑行為を行ってはならない。

（参考資料）全国心霊マップ　黒い森　https://ghostmap.net/spotdetail.php?spotcd=2480

雪国の寮

旅館やホテルの仲居を生業《なりわい》としている女性Fさんの話で、二〇〇四年のことだという。

彼女は当時三十代で、中越地方のある温泉旅館に派遣されて、ほかの地域から引っ越してきた。この辺りには良質の温泉が多い。勤務先の温泉旅館は近くに三階建ての寮があって、Fさんはその二階に寝泊まりしながら働くことになった。二月初めのことである。

寮の裏手は道路を挟んで丘があり、豪雪地帯だけに斜面には雪が高く積もっていた。

翌日から仲居としての生活が始まった。それから毎日、仕事を終えて帰宅すると深夜になり、就寝は午前一時を過ぎるようになった。

寮に住み始めて一週間後。

Fさんが布団に入って眠ろうとしていると、玄関のドアがノックされた。

(あれ？　こんな時間に誰だろう？)

不審に思ったが、気になるので布団から起き出して、ドアスコープから外を見た。

ドアの向こうには誰もいなかった。同時にノックの音も、ふいとやんでしまう。

(気のせいか……)

それきりノックの音はしなかったので、気にしないようにして、その夜は眠った。

ところが、それからというもの、夜な夜なドアを叩く音が聞こえるようになった。やはりドアスコープを覗くと、誰もいないし、音もやんでしまう。

(風でドアが揺れる音なのかな？)

とも思ったが、強い風は吹いていなかった。

Fさんは気にしないようにしていたものの、毎夜のことであり、一夜のうちに何度も音がする日があったので、さすがに変だと思い始めた。

(夜中に帰ってくるから、社長の娘が、うるさい、と怒ってるのかな？)

真上に当たる三階の部屋に社長の娘が住んでいるのだが、十代後半の引き籠もりで直接、文句を言ってくることができず、抗議のつもりなのかもしれない。そこで次にドアがノックされたときに、思い切ってすぐにドアを開けてみた。

しかし、屋外の通路には誰もいなかった。階段まで行ってみたが、そこにも人影はなかったという。

「夜中にドアをノックされたことはありませんか？」

同じ寮に住んでいる女性従業員たちに、そう訊いてみたところ、

「はあ？　何それ？」「そんなこと、一度もないよう」

と、失笑された。

Fさんは不快な気分になり、ほかの住み込みの従業員たちにこの話をするのはやめた。気味悪く思ってはいたが、気にしないようにして、放置するしかなかった。

三月上旬になって――。

いつものように寮の部屋で眠っていたFさんは、ひどい寒さで目を覚ました。目覚まし時計を見ると、午前三時まであと数分であった。

ずく、ずく、ぎゅ……。ずく、ずく、ぎゅ……。

いきなり、積もった雪を踏む足音が外から聞こえてきた。それも一人分の足音ではない。隣接した従業員用の駐車場を数人で歩き回っているようだ。けれども、いつまで経っても車のエンジン音は聞こえず、足音だけが聞こえてくる。従業員の誰かが車に乗ろうとしているわけではないらしい。

(嫌だなぁ。変質者かもしれない)

ずく、ずく、ぎゅ、ぎゅ……。ずく、ずく、ぎゅ、ぎゅ……。

ずく、ずく、ぎゅ、ぎゅ……。ずく、ずく、ぎゅ、ぎゅ……。

しかも、足音が騒々しくなってきた。人数が増えてきている――。

Fさんは窓のカーテンを開けて外を見ようとしたが、窓ガラスは結露で曇っていて、何も見えなかった。そこで窓ガラスを少しだけ開けて、外を見下ろした。

今夜も雪が降っている。駐車場には外灯が立っていて、雪を明るく照らしていた。

その駐車場に、白い和服を着た人々が立っていた。その数、四、五十人はいただろう。

（えっ！　あんなに大勢いたの！）

Fさんは驚愕した。驚きのあまり、そのまま立ち竦んでしまう。四、五十人の人々がFさんの視線に気づいたのか、一斉にこちらを見上げた。無言でゆっくりと近づいてくる。

（いけない！　警察を呼ばないと……）

一度はそう思ったものの、人々の姿を見ているうちに躊躇してしまった。

痩せこけた年寄りの男女が多いが、中年や若年の男女、子供までいる。いずれも薄手の白い和服を着て、足には草鞋《わらじ》らしきものを履いていた。

（あんな格好で寒くないのかしら？）

さらにFさんは、老若男女が歩いたあとを見て、また驚愕したという。

積もったばかりの新雪の上を歩いていた上、足音を立てていたが、積雪の上には一つも足跡がついていなかったのだ。老若男女は、ついにFさんの部屋の真下まで迫ってきた。

よく見れば、白い和服は死に装束ではないか――。

（あれは……警察を呼んでも、駄目な奴だわ……）

Ｆさんは通報を断念して、窓から離れると、急いで布団に潜り込んだ。以前から薄々、もしかしたら、と思ってはいたが、嫌な予感が的中してしまった。

布団を頭から被って震えていると、まもなく、ギシッ、ギシッ……と大勢の人々が床を踏む足音が聞こえてきた。部屋の中に侵入してきたらしい。

衣擦《きぬず》れの音がして、間近から話し声も聞こえてきた。何を言っているのかはわからなかったが、大勢が唸るような低い声で話しかけてくる。それが延々と繰り返された。おかげで朝まで一睡もできなかったという。

物音が途絶えたので、布団を捲《めく》って顔を出すと、夜が明けていた。老若男女の姿は部屋の中にも駐車場にもなかったし、足跡も残されてはいなかった。


「あの寮って、前に何か事件でもあったんですか？」

Ｆさんは、旅館で最も面倒見の良い先輩に事情を伝えてから、そう訊ねてみた。その先輩は、地元出身で自宅から通っている中年の女性従業員であった。

「そいがぁ《そうなんだ》！　いやあ、私が知っている限りでは、事件や自殺があったって話は聞いたことがないいし、病気や事故で死んだ人もいないはずだけどねえ……」

結局、詳しいことは何もわからなかった。

Fさんはその夜、不安で堪らなかったが、ほかに居場所がないので、渋々寮へ帰るしかなかった。

ただし、幸いなことに、死に装束の老若男女が再び姿を現すことはなかったそうだ。

それ以後は、ノックの音が毎夜繰り返されるだけとなった。

やがて中越地方の山間地に遅い春が訪れると、Fさんは契約期間が満了して、ほかの勤務先へ移ることになった。

引っ越す前日のこと。

寮の裏手の丘は、高く積もっていた雪がかなり融《と》けていた。

その光景を目の当《ま》たりにしたFさんは、腰を抜かしかけたほど驚いたという。

丘の斜面には、夥しい数の墓石が並んでいたのだ。

そして、同じ年の秋。

十月二十三日の夕方に中越地震が発生して、この辺りも大きな被害を受けた。

Fさんはのちに例の先輩と連絡を取ることができたので、訊いてみたところ、寮の裏手の丘は地面が崩れ、多くの墓石が倒壊していたそうである。

温泉地の空き缶

Fさんは、新潟市近郊の某温泉旅館でも働いていたことがある。

麗らかな晩春の昼下がりだったという。休憩時間に少し外出して、平坦な道を歩いていると、後ろから炭酸飲料の缶が転がってきた。それがFさんを追い越してゆく。

(えっ！　風も吹いていないのに……？)

そこは下りの坂道だったわけでもない。

Fさんが驚きながら見ていると、缶はいきなり一メートル半ほど宙に浮き上がり、プルタブが開けられる音がして、四方に中身が撒き散らされた。

Fさんは慌てて立ち止まる。

缶は下を向いていて、中身がすべてぶちまけられると、路面に落下して動かなくなった。

辺りに炭酸飲料の香りが漂っている。

このとき周りには、Fさんのほかに誰もいなかった。

白昼だったにも拘らず、恐ろしくなって、急いで職場の旅館へ逃げ帰ったそうだ。

その夜のこと。

Fさんは、ここでも旅館の寮に住んでいた。

深夜に仕事を終えて帰ってくると、カラカラ、カラカラ……と外から物音がする。

(何だろう?)

風のない穏やかな夜だったので、Fさんは不審に思った。

二階にある部屋の窓から外を見下ろすと、寮の前の通りを空き缶が転がっていた。昼間に遭遇したものと同じ銘柄の炭酸飲料の缶である。

(まさか!　あたしを追いかけてきたの!?)

気になって凝視していると、空き缶は寮の敷地の東端まで転がってゆき、一旦止まった。何と、そこから引き返してくる。今度は寮の敷地の西端まで転がってゆき、一旦停止して、来たほうへまた引き返す。そんな行き来を何度も繰り返していた。

Fさんは窓から顔や手を出して確認してみたが、やはり風は吹いていなかった。それでも空き缶は夜通し寮の前を行ったり来たりしていた。転がる音がうるさいし、追いかけてきたのかと思えば、空き缶といえども怖い気がして、朝まで眠れなかった。

もっとも、朝になって音がやんだので外を見ると、空き缶はなくなっていたという。

海辺のクラクション

私、戸神は海から遠く離れた内陸の地、群馬県高崎市で生まれ育った。そのため海辺で生まれ育った方に話すと、よく笑われるのだが、小学三年生の夏まで海を見たことがなかった。生まれて初めて見た海が、家族で海水浴に行った新潟県柏崎市の日本海であった。

当時の柏崎市では、鯨波海水浴場がとくに人気があったように記憶している。だが、なぜか我が家は毎年、笠島海水浴場へ行っていた。また、笠島は一九六七年（昭和四十二年）から高崎市の小学校による臨海学校が行われていて、海を見下ろす丘の上に校舎（宿舎）があり、田塚鼻（牛ケ首）の浜辺は、そのプラベートビーチのような場所であった。

二〇一六年（平成二十八年）に臨海学校は閉校となってしまったが、その間に高崎市民の大部分がそこに泊まって泳いだ経験があったわけである。私にとって笠島は、毎年夏になると数日だけ行くことができる、非日常の空間であり、楽しい思い出の地であった。

したがって、本書には海の話が沢山出てくるものと思っていた。しかし、共著者各位の原稿を拝読したところ、意外にもまったく出てこないことがわかった。そこで内陸育ちのよそ者が出しゃばって申し訳ないが、私自身が新潟県の海の話を綴《つづ》ってみたい。

柏崎市内にある某海水浴場で、かなり以前に起きたことだ。

その近くに住む男性Pさんは、高校生の夏休みに浜茶屋（海の家）でアルバイトをした。

これは七月末、天気に恵まれた波の穏やかな日の、昼下がりのことだったという。

突然、浜茶屋の駐車場でクラクションが鳴り響いた。長押ししていて、けたたましい音響がなかなかやまない。やんだかと思うと、またすぐに鳴り出す。

Pさんはアルバイトの先輩で、幾つか年上の青年Zから、

「どうしたのかな？　なあ、様子《おまえ》を見に行って、注意してこいや」

そう言われて、駐車場の様子を見に行った。

（どの車だろうっか《だろうか》？）

鳴り響く音を頼りに場内を探すと、駐《と》められていた白いワゴン車から聞こえてくることがわかった。相変わらずクラクションの音が、威嚇するように響いてくる。

（おっかねえ《こわい》人じゃないといいけどな……）

とはいえ、みだりにこんなことをするのは、性格に何らかの問題を抱えた人物に違いない。注意してこい、などと、まだ高校生のPさんに言いつけたZも無責任なものである。

Pさんは怖々とだが、ワゴン車に近づいた。ドアウインドウ越しに運転席を覗くと——。

誰も乗っていなかった。にも拘らず、クラクションだけが鳴り響いている。

（うっ！　どういうことなんだよ⁉）

Pさんは愕然として、どうしたら良いのかわからず、その場に立ち尽くしてしまった。

「何やってるんだよ！」

「さっきからうるせえなぁ！」

ほかの客たちが集まってくる。Pさんは狼狽しながらも、Zに知らせに行った。

「あん？　何言ってんだいや。そんげ《そんな》こと、あるわけねぇろ！」

「お願いします！　来て下さい！　俺じゃあ、どうすることもできないので！」

Zの腕を引っ張るようにして、現場まで連れてゆく。Zは渋々ついてきたものの、

「あっきゃあ《あちゃあ》！　本当だ……。こりゃあ、どういうわけなんだ？」

現場を見て、目を丸くするばかりであった。試しにドアを開けてみようとしたが、ロックが掛かっていて開かない。

Pさんたちが焦って、ちょうらもうら（方言で、おたおたの意）していると――。

やがて砂浜のほうが騒々しくなってきた。大勢の人々が騒いでいるようだ。今度は何事だろう、とPさんがそちらを見ると、人だかりができている。さらに海岸線を走る道路もうるさくなってきた。救急車とパトカーのサイレンの音が近づいてくる。

それらの大きな音に掻き消されるように、いつしかクラクションの音はやんでいた。

仲間たちと海で泳いでいた男性が溺死したのである。波の穏やかな日だったが、ビールを飲んでひと泳ぎしようとしたのが祟ったらしい。


クラクションが鳴っていた車は、死んだ男性の車だったことがのちにわかった。その車はキーが見つかったので、同乗してきた仲間が代わりに運転して帰ったそうで、おそらく車は遺族に届けられたものと思われる。

ところが、その後も同じワゴン車が度々、浜茶屋の駐車場で目撃されるようになった。

数日おきに決まって昼間、かの男性が溺死した時間帯になると、クラクションが鳴り出す。車内を覗いても人の姿はない。

Pさんたちが困って遠巻きに見ていると、数分のうちに車は幻のように消えてしまう。

さらに、その頃からZの言動がおかしくなり、Pさんに暴力を振るうようになった。いきなり頭を叩かれたこともあれば、首を絞められたこともある。初めは冗談なのかと思っていたが、Zは次第に力を込めて攻撃してくるようになって、Pさんはその度に激痛を感じていた。これ以上はもう耐えられない、と経営者に相談したものの、

「もうちっと《すこし》でこの夏の仕事も終わりだすけ《だから》、我慢してくれや」

と、対処してくれなかったので、嫌になって期限を待たずにアルバイトを辞めた。

そのためワゴン車がそれからどうなったのか、詳しいことは知らない。けれども、九月になってから、このできごとを高校の仲間たちに話したところ、

「見に行《こ》こまい。そこへ案内してくれや」

そう頼まれたので、皆で行ってみることにした。

浜茶屋が開業している間は絶対に行きたくなかったが、その頃には海水浴シーズンが終わって、既に店仕舞いをしていたのである。例の駐車場は無料で開放されていた。

ワゴン車が現れるのはいつも昼下がりだったので、時間を合わせて行ってみたが、目にすることはできず、クラクションの音も聞こえなかった。浜茶屋が店仕舞いをすると、現れなくなったようで、その年の間は新たな噂を耳にすることもなかったそうだ。

ただし、人づてに聞いた話によれば、翌年の夏、例の男性が死んだのと同じ海水浴場付近で、路上に違法駐車していた白いワゴン車が発見され、クラクションが激しく鳴っていたことがあった。その車はじきに消えてしまい、同じ日に若い男性が海水浴中に溺死した。

関連があるのかどうかはわからないが、死亡したのはPさんをいじめていたZだったという。かのワゴン車が目撃されたのは、それが最後だったのか、やがてPさんが噂を耳にすることもなくなったそうである。

フナムシ鬼談

　昔、昭和五十年頃のことだ。新潟県でも内陸部で生まれ育った男性Qさんが、小学一年生の頃に体験した話である。柏崎市内にある某海水浴場へ家族と行った彼は、初めて目にする海辺の生き物に心を惹かれた。そこでイワガニやホンヤドカリ、貝の仲間であるアメフラシなどを捕まえて遊んでいた。だが、どうしても不快に思えてならない生き物たちがいた。それは人を刺すことがあるクラゲと、フナムシであった。

　しかし、クラゲは勇気を出して素手で捕まえてみると、意外と刺されなかったし、海水を張ったプラケースに入れておいたところ、いつの間にか死んで消滅していたので、実はか弱い生き物であることを知った。

　一方、フナムシは、ダンゴムシやワラジムシを遥かに大きくして、ムカデやゲジの脚や尾を生やしたような外見が不気味なこと、この上ない。それに加えて、叩き潰そうとすれば、素早く岩の裂け目に隠れる。その動きや長い触覚がゴキブリを思わせて、激しい嫌悪感を覚えたという。

　とはいえ、捕まえた生き物たちをすべてプラケースに入れて持ち帰り、近くの民宿にその夜は泊まった。プラケースは玄関の土間に置かせてもらった。

当時の民宿にエアコンは設置されていない。小さな扇風機一台で家族四人が同じ部屋で寝ていたので、とても寝苦しかった。そのせいか、Qさんはこんな夢を見た。

巨大なフナムシ怪獣が出現し、臨海都市を破壊し始める。怪獣は七対の脚と一対の長い尾の先からコンクリートや木材を溶かす物質を分泌するので、這っただけでビルや木造住宅が次々に破壊されてゆく。

さらに口から大量の〈フナムシウイルス〉を吐き出す。それを浴びた多くの人々が、ウイルスに感染して、フナムシ人間に変容してしまう。フナムシ人間は十四本ある脚を使って、建物の壁や天井を這い回り、ほかの人々を待ち伏せして飛びかかる。捕まった人々もまた、フナムシ人間に変容してしまうのだ。(注)

Qさんは家族と一緒に物陰に隠れながら、瓦礫と化した街を逃げ回る。けれども、とうとう幼い弟が発見され、家族全員が大勢のフナムシ人間に包囲されてしまい……。

そこで目が覚めた。実に嫌な夢であった。慌てて周りを確認したが、フナムシ人間もフナムシも部屋の中にはいないことがわかって、安堵したという。

翌朝、海辺で捕まえてきた生き物たちが入ったケースを確認すると、すべて死んでいた。水温が高くなったことが原因らしい。Qさんは落胆したものの、この日も昼頃までは海辺で過ごすことにしていたので、また生き物を採集することにした。

ドロメ（ハゼの仲間）を見つけて両手で掬《すく》おうとしたが、逃げられてしまい、イソギンチャクは岩場にくっついて剥がすことができず、捕獲に失敗した。それでも、父がムラサキウニを見つけて捕まえてくれたし、再びアメフラシやイワガニ、ホンヤドカリなどを数尾ずつ捕まえることができた。こうして喜んで帰宅したのだが……。

同じ新潟県内でも、Qさんの自宅は海から遠く離れた山沿いにある。電車に乗って帰ったのだが、当時の普通電車は天井にファンが設置されているだけで、エアコンは付いていなかった。それでまたしてもプラケースの中の水温が上がり過ぎたのか、あるいは多数の生き物を狭いケースに詰め込んだことで酸欠や、水が汚れ過ぎたのか、翌朝にはすべての生き物が死滅していた。

Qさんは前日以上にひどく落胆した。

そしてこの日、Qさんは自宅で意外な光景を目撃した。死んだ生き物たちを庭に埋葬してから、部屋で夏休みの宿題をやっていたところ……。

ふと机から顔を上げたときに、自室の隅を這う小さな生き物が目に入った。

は声を呑んだ。

（ゴキブリか？）

その生き物は一度、本棚の隅に隠れたが、すぐにまた姿を現した。それを見て、Qさんは声を呑んだ。

フナムシだったのである。

「お母さん！　大変ら《だ》！　僕の部屋にフナムシがいるよ！」

「何を言ってるの。そんげがん《なもの》、いるわけないろ《でしょう》」

慌てて母親に知らせたが、信じてもらえなかった。

前述したように、Qさん一家が住む町は日本海から遠く離れているので、日頃、フナムシを目にすることは皆無なのだ。それに海辺の町でも、ゴキブリとは違って、フナムシが家屋に侵入してくることは滅多にない。

結局、夕方になって仕事から帰ってきた父親にも信じてもらえず、Qさんは両親に助けを求めることを諦めなければならなかった。

その後もフナムシは、頻繁に姿を現すようになった。しかも、その数が日に日に増えてゆくのである。噛みつかれはしなかったが、眠ろうとしたときに枕元や布団の上を這われて、甚《はなは》だ不快な気分になった。

学校は夏休みの間でも、たまに登校日がある。その当日、Qさんは家を出る前に何気なく、玄関の引き戸に嵌め込まれたガラスに視線を向けた。

すると、ガラスの表面に等身大のフナムシ人間が映っていた。

「うわあああっ！」

思わず悲鳴を上げてしまい、両親と弟が、何事かと近づいてくる。

「どういんっ？」《どうした》「何があったのっ？」

両親から声をかけられ、肩を叩かれて、やっと我に返った。

錯覚だったのだろう、ガラス戸には本来の自分の顔が映っていた。

だが、それ以後、Qさんは自室のみならず、リビングで家族と食事をしているときでも、フナムシが周りをうろつく姿を目撃するようになった。

(今、この御飯の中にフナムシが入っていたら、どうしようば？《どうしよう》)

そう考え始めると、食欲も失せてしまう。

実際に食べ物の中にフナムシが入っていたことは一度もなかったのだが、母親が台所で料理を作っている間も、フナムシの群れが流し台の周りをうろつく姿が見える。

「フナムシがいるんだよ！　この家に！　本当だよ！」

と、何度も両親に訴えたものの、依然として信じてはもらえなかった。

やがて秋が来て、学校の二学期が始まっても、フナムシが教室に現れるので、Qさんは精神が疲弊し、体調が悪くなってしまった。三十九度の高熱を出して寝込んだという。

その夜遅く、二階の自室で寝ていたQさんは、尿意を覚えて目を覚ました。ふらふらしながら一階へ下りてトイレに行くと、庭のほうから、ガサガサ、ガサガサ……と物音がする。生き物が動いているような物音であった。トイレの窓には背が届かないので、用を足してから縁側へ行き、カーテンを開けて庭を見下ろしてみた。

ちょうどこのとき、夜空には月が出ていた。庭一面が光って、何かが蠢いている。それは月光を浴びた、夥しい数のフナムシであった。途轍もない数の大群が、家屋の周りを包囲していたのだ。あまりにもおぞましい光景にQさんは驚愕し、二階の自室へ逃げ込むと、頭から布団を被った。そのまま震えているうちに、眠ってしまったらしい。

翌朝、窓から恐る恐る庭を見下ろすと、フナムシの大群はいなくなっていたという。

Qさんは三日ほど寝込んでしまったが、体調が回復してくると、気になって堪らず、昼間のうちに庭へ出て地面を見て回った。生きたフナムシは一頭もいなかった。しかし、庭を隅々まで見て回るうちに、ついに植木の根元に転がっている生き物の死骸を発見した。

体長五十ミリほどのフナムシの死骸であった。共食いの犠牲者なのか、腹の一部が食われて欠損していたが、それ以外は長い触覚が少し欠けていたくらいで原形を留めている。

「やっぱりいたんら！　僕はてんぽこき《うそつき》なんかじゃなかったんら！」

ダンゴムシならば体長十数ミリ、ワラジムシはそれよりも小さい。五十ミリもある上、ムカデやゲジを思わせる太くて長めの脚と尾がある。まちがいなくフナムシだと思った。

Qさんは、気持ち悪いな、と思いながらも、それを割り箸で拾って空き瓶に入れると、母親に見せた。すると母親も驚いて目を丸くした。

「あっきゃあ！　たまげたね《びっくりし》……。本当ら！　本当にいたんらね！」

ついに母親がフナムシの存在を認めた。けれども、なぜここにフナムシがいるのか、母親にもわからなかった。夜になって、父親も母親から話を聞いて瓶の中を見たが、やはり「ここでこんげがん《こんなもの》見たのは初めてだいや」と首を傾げている。そして学校の担任教師が理科に詳しいので、見てもらったらどうだろう、という話になった。

そこで翌日、Qさんは瓶ごとフナムシの死骸を学校へ持ってゆき、放課後になるのを待って担任の男性教師に見せたという。

「確かに、これはフナムシだな」

「僕ん家《ち》の庭にいたんです」

「何だって!?　それ、本当かい？」

教師も驚いている。それから教師は、フナムシがムシといっても昆虫ではなく甲殻類で、エビやカニに近い動物であること、釣りの餌に適していること、藻類や動物の死骸など、何でも食べる自然界の掃除屋で、海岸の岩場に依存した生活をしているため、海から遠く離れたこの町には本来、生息していないこと、物資に紛れ込んで移動してきた可能性がないわけではないが、極めて珍しいこと、などを興奮した口調で一気に語った。

「珍しいものだから、フォルマリン漬けの標本にしてみたい。理科室に置いて、みんなが見られるようにしてみたい。先生が預かってもいいかな?」

学校に寄附してくれ、ということだと、Qさんは子供ながらに解釈した。「はい。いいです」元より苦手なフナムシを家に長く置いておきたいとは思っていなかったそうだ。

その翌日。Qさんが休憩時間にフナムシに関する一連の体験談を級友たちに話すと、皆が「見たい見たい」と言い出した。そこで理科室へ行ってみたものの、フォルマリン漬けにされたフナムシの標本はどこにもなかった。

「おかしいなぁ。先生が、みんなが見られるようにする、って言ったんら《だ》」

Qさんは、その日のうちに担任教師にこう告げた。

「先生、フナムシの標本、みんなが見たい、って言ってます」

ところが、担任教師は意外な返答をした。

「そんなもの、先生は知らないぞ」

「えっ? 昨日《きんな》、先生に渡したのに……」

「いや、何を言ってるんだ？」

担任教師は唖然とした表情で、フナムシの死骸なんか受け取っていない、と言い張る。

「大体、こんな所にフナムシなんて、いるわけないだろう」

そう言われて、怪訝に思いながらQさんは帰宅した。その日のうちに両親や弟にこの話をしたが、誰もが担任教師と同じで、唖然とした表情をして、こう言ったものである。

「そんげがん《そんなもの》、見とらんわ《見てないわよ》」

「そもそも、こんげん《こんな》所にフナムシなんて、いるわけなかろうや」

とくに父親からは、担任教師と同じように、完全に否定された。

それでQさんは釈然としなかったが、このできごとを他者に話すことは諦めた。同時にこの日からQさんが、地元の町でフナムシを目にすることもなくなった。身の回りにあれほどいたフナムシが、嘘のように出現しなくなったそうである。

　Qさんはこの体験談を長年にわたって、誰にも話さず、心の中に留めていたという。だが、今でも思い出す度に、不可思議に思えてならない。そして他者を信じられない、ひどく疑《うたぐ》り深い性格になってしまった、と語っている。

（注）……実際のフナムシは人間にとって無害、無毒である。

東京には空がない！　新潟には○がない！

「東京には空がない！　……これが空ですか？　こんなのは、空とは言えません。私の故郷、新潟は一年中、青空が広がっていますよ。こんな汚い空じゃない！」

いきなり天を指差し、そんな内容から始まる名演説を行ったのが、刈羽郡二田村（現柏崎市）出身の政治家、第六十四、六十五代内閣総理大臣の故田中角栄である。（注）

それはそうと、私は昨年から本書と並行して単著『里沼怪談』の取材を行ってきた。人里近くの沼や、地元の人々に釣り場や漁場、遊び場として親しまれている沼を〈里沼〉と呼ぶ向きがあるのだが、それに関連した怪談を集めた本にする予定だ。そこでSNSを通じて、ネタになりそうな体験談の募集を行ったところ、本書の共著者の一人である堀内圭さんが、知人の体験した話を提供して下さった。上越市でのできごとだという。

しかし、新潟県について調べるうちに、大きな問題が発生した。『里沼怪談』と謳《うた》う以上、話の舞台が〈沼〉と名のつく場所でないと都合が悪いのだ。

湖、沼、池の違いは曖昧である。天然の止水《しすい》で、小さくて水深が五メートル以下、水底が泥状で水草が生えているものが〈沼〉、それよりも大きくて水深が深く、水底に水草が生えていないものが〈湖〉、人工の止水が〈池〉といった、一応の定義はあるらしい。

とはいえ、実際には天然の池もあるし、人工の沼や湖も存在する。大きさや深さについても、広大で水深が五メートルを超える沼もあれば、それに満たない小さな湖も存在している。ようするに、地元の人々から何と呼ばれてきたかで決まるのだ。

それで困ったのが、上越市に限ったことではないが、

「新潟には沼がない！」

という事実であった。

私が住む群馬県では天然の沼のほかにも、本来は人工の溜め池でありながら、鹿の川沼《かのかわぬま》、波志江沼《はしえぬま》、菅塩沼《すがしおぬま》といったように、〈沼〉と名のつく止水が数多く存在する。ところが、新潟県では湖と池ばかりで、小さな浅い天然の止水も〈沼〉とは呼ばれていない。

新潟市の海に近い平地には、福島潟《ふくしまがた》、鳥屋野潟《とやのがた》、佐潟《さがた》といった、〈潟《かた》〉と呼ばれる止水が八ケ所、池と名のつく止水も七ケ所存在する。これらは沼と同じように見えるが、遠い昔、海辺に巨大な砂丘ができ、海への出口を遮られた川が氾濫して自然発生したものか、人工の溜め池だという。

もしかすると、新潟県内にも知名度の低い〈沼〉がどこかに存在するのかもしれない。だが、インターネットでの検索や地図からは発見することができなかった。

そのため、『新潟県某所の沼で起きた話』とは、どうにも書けなくなってしまった。そこで急遽、予定を変更して『里沼怪談』ではなく、本書にその話を執筆することにした。

カムルチーやタイワンドジョウ、コウタイは、中国などを原産地とする外来魚で、総称ライギョ（雷魚）と呼ばれている。いずれも身体は細長い筒型で、ニシキヘビを思わせる褐色の紋様があり、頭部も蛇に似ていて口が大きく、鋭い歯を持っている。このうち南方系のタイワンドジョウとコウタイは、西日本の一部にしか生息していない。

カムルチーは、大正時代の終わり頃に朝鮮半島から持ち込まれた北方系の淡水魚で、ほぼ日本全国に分布しており、新潟県にも数多く生息している。小魚やカエルなどの在来動物を捕食したり、用水路から畦を飛び越えて鯉の養殖池などに侵入し、稚魚を食い荒らしたりする。獰猛な上に外見も不気味な魚だが、ルアー釣りの愛好家の間では、引きが強くて洒落《しゃれ》たフィッシングゲームを楽しめる魚として、人気があるそうだ。

さて、新潟県在住でルアー釣りの愛好家であるCさんは、昔、上越市郊外のとある野池（溜め池）へライギョを釣りに行った。初夏の、満月の晩のことだったという。

水草のヒシが茂った水面に、カエルを模した〈フロッグ〉と呼ばれるルアーを投げて様子を見ていると、不意に大きな水音が響いた。巨大な魚が跳ねたのだ。

（ライギョかな？）

魚種はわからないが、水音がした方角を狙ってルアーを投げてみる。両軸《ベイト》リールのハンドルを回して、ゆっくりと道糸《ライン》を巻きながら、竿《ロッド》を操作し、ルアーに動きをつける。生きたカエルが跳ねたり、泳いだりしているように見せかけるのだ。何度か同じ場所にルアーを投げ込み、同じ動作を繰り返す。

やがて……。

アタリが来た！

何かが食いついたのだ。水平に寝かせていた竿を立てる。竿先が大きく撓《しな》った。獲物が鉤《フック》に掛かったのだ。引きが強い。リールのスプール（道糸を巻いた部分）から、見る間に道糸が引き出されてゆく。

（この引きはライギョら《だ》！　なまら《すごい》大物だいや《だろう》！）

しばらく好きなように暴れさせる。獲物の疲れ具合を見ながら、徐々に道糸を巻いて引き寄せてゆく。一進一退の攻防を二十分以上も続けたが、ようやく相手が弱ってきた。

なおも道糸を巻いて、獲物を岸辺に引き寄せる。Cさんはリールのハンドルから右手を離し、身を屈めて、足元に置いてあったランディングネット（タモ網）を掴んだ。竿を操作しながら、ネットを出すと、大物の影が水飛沫を上げつつ、ネットに飛び込んできた。

（よし！　やったぞ！）

右腕一本で重量のある大物を岸辺まで持ち上げる。踵を起点に身体をくるりと反転させて、ネットごと大物を草の生えた地面に降ろした。

（あれっ？　確かにでかいけど、ライギョにしてはやけに白いな……）

不審に思い、月明かりだけではよく見えないので、懐中電灯の光を当ててみると――。

それは人間の、太腿から下の足であった。何も履いていなくて、筋肉質ではあるが、無毛で、男女どちらの足か、よくわからない。地上でも生きているかのようにビクン！　ビクン！　と暴れ出した。血の気のない白い足は、勢いよく跳ねて自力で鉤を外したのか、大きな水音を立てて野池に飛び込んだ。たちまち深みへ消えていったそうである。

Cさんはどうしたら良いかわからず、しばらく野池の畔に呆然と佇むばかりであった。

この池に何か原因や謂《いわ》れがあるのかは不明だが、大きな衝撃を受けたCさんは、それきりライギョ釣りをやめた。夜釣り自体、一人では絶対に行かないことにしているという。

（注）……「東京に空が無い」という言葉は、これよりもかなり以前に彫刻家で詩人の高村光太郎が『智恵子抄』に書いている。

石動充徳（いするぎじゅうとく）

新潟県南魚沼市在住。山伏の家系に生まれ、実家が修験道の寺院を営んでいる。十九歳で本山修験宗総本山、京都の聖護院《しょうごいん》門跡《もんぜき》にて二年間修行。修行後は実家の石動山《いするぎさん》三寶院《さんぼういん》にて副住職となる。会社勤めをしながら各種御祓い、御祈祷を中心に僧侶として活動。近年は、修験僧侶として自身が関わった案件や、自身の体験談を中心に、怪談を語る活動も行っている。趣味は温泉、サウナ巡り。

稲荷様《いなりさま》

新潟県は、言わずと知れた日本一の米所である。故に〈稲荷様信仰〉は他県よりも盛んであると言える。稲荷様は通称で本来は〈稲荷大明神《いなりだいみょうじん》〉といい、一般に広く信仰されているが、正式には〈茶枳尼天《だきにてん》〉という仏教の神様である。

稲荷様（茶枳尼天）は、元々はインドのヒンズー教の中にある〈ダキーニ〉という魔女から派生したのだが、このダキーニは、インドの特定の地域では実りの神として信仰されている。それ故、仏教の神として取り入れられたのだが、これが日本に伝来した時に、日本の稲作の神である〈稲荷《いねなり》〉と融合した。

それはダキーニが元々インドの魔女で、人々を騙す存在であったことと、日本の〈稲荷《いねなり》〉の遣いである狐が人を化かす存在であることが共通している為、この二つが融合したと考えられる。そしていつからか〈いねなり〉が〈いなり〉と略され、現在の日本で一般に信仰されている稲荷大明神となり、やがて稲荷様の愛称で一般に信仰されるようになっていった。

現代の日本では、水田の整備事業などで田んぼが大きく整備され、かつて水田地に多く祀られていた稲荷様の祠《ほこら》もその数を大きく減らしはしたが、信仰自体は現在も根強く残っている。その為、〈狐憑き〉の話は今も数多くあり、いろんな意味で稲荷様は民衆にとって身近で、且つ悪戯《いたずら》好きな神様であると言えよう。本作では、私のごく身近で起こった〈狐憑き〉の話を、二作ご紹介させて頂きたい。

私の住む新潟県南魚沼市は、〈平成の大合併〉で出来た市であり、それ以前は湯沢町、塩沢町、六日町、大和町の四つの町で南魚沼郡を形成していた。それが湯沢町を除く三町で合併し、現在の南魚沼市となった。ちなみに、私の自坊は旧大和町に属する。

これは、私が小学生の頃に祖母から聞いた話である。

私の父は男三人、女四人の七人兄弟なのだが、まだ父が生まれる前に父の姉である長女（私の伯母）が、幼少期に〈狐憑き〉にあったそうだ。

ある日、祖母が伯母を連れて隣村へ出かけた。その通り道には、途中に稲荷様の小さな祠があった。当然、行き帰りにその前を通ることになる。行きは特に何もなく、祖母と伯母は用事を終えて家路に就いた。

それは、帰りに稲荷様の祠の前を通った時に起こった。伯母が突然祖母に向かってこう言ったのだ。

「母ちゃん、あぶらげ（油揚げのこと）が食いてえ！」

それから、伯母はただひたすらに、

「あぶらげが食いてえ！　あぶらげが食いてえ！」

と言い続けるようになり、祖母は伯母が馬鹿になったのではないか？　と思ったそうだが、よくよく考えると件《くだん》の稲荷様の祠の前を通った頃から、伯母の様子がおかしくなったことに気付いた。その時（これは狐憑きだな！）と思ったそうだ。それからも家に着くまでの間、伯母はひたすら同じことを言い続けたという。

家に着き、祖母はこの話を直ぐに祖父に話した。祖父が慌てて伯母に駆け寄ると、そこには上を見上げて狂ったように、

「あぶらげが食いてえ！　あぶらげが食いてえ！」

そう言い続ける伯母の姿があった。この時、伯母の顔は目が吊り上がり、顔つきがまるで狐のようになっていたという。

「こりゃ稲荷様が取り憑いたな！　直ぐに御祓いだ！」

祖父が急いで御祓いの準備に入った。

しかし、祖母が伯母を本堂へ連れて行き、祖父が衣を羽織って御祓いに掛かろうとした時、突然伯母が正気に戻った。

「父ちゃん、母ちゃん、何してるが？」

と言って伯母はきょとんとしている。祖父も祖母も、

「お前大丈夫か？」

心配して伯母に話しかけたが、当の伯母は何のことやらさっぱり分からず、

「何かあったが？　オラ何にも覚えてねえ」

結局、御祓いをせずに稲荷様は伯母から離れたという話である。

この話をしてくれた祖母は、

「あの時、祖父《じい》ちゃんが衣を羽織ったら、ピタリと治まった。本当に不思議なことだったども、力の弱い神様てがんな、御祓いなんてしなくても、衣に着替えた爺ちゃんを見ただけで、慌てて逃げて行きやがった。最初から悪さなんてしねえばいいがんにな」

と私に話した。子供ながらに私もその通りだと思ったが、同時に（祖父ちゃんは凄い力を持った山伏だったのかな？）と思い、私が一歳半の時に亡くなった祖父がどんな人物であったかを垣間見ることが出来て、少し嬉しかったのを覚えている。

更にこんな話もある。先の祖母の話を聞く少し前に、実際に私の身近なところで起こった出来事であり、現住職の父から聞いた話である。

今から四十年近く前になるが、その頃は暴走族や学校崩壊などが取り沙汰される時代で、俗にいう「不良」と呼ばれる若者がゴロゴロいる時代だった。当時小学生だった私が、数年後に通うことになる地元の中学校も大変荒れていた。その荒れっぷりは新潟県内でも指折りで、噂によれば修学旅行先の京都にも伝わっており、〈○○中学はお断り！〉といった状態で、宿泊先が中々決まらなかったほどだったと聞いている。

ただ、私が中学生になった頃は、その当時の三年生が〈悪い伝統は受け継がない〉という姿勢であった為、怖い先輩はごく少数になり、前年までの荒れた校風は払拭《ふっしょく》され、胸を撫で下ろしたことをよく覚えている。

とは言え、高校となるとまだまだ荒れてはいたが……まあそんな訳で、当時は不良少年が沢山いて、夜ともなれば田舎でも活発に騒いでいる若者が多かった時代である。

ある日の深夜、私の住んでいる地域の鎮守様が祀られている広場に、地元の不良少年たちが数人集まって大騒ぎをしていた。その鎮守様の本殿には、地元の霊峰「八海山《はっかいさん》」の神様が祀られており、鎮守様の裏手には稲荷様をはじめとする神様を祀る小さな祠が幾つかあって、鎮守様の脇はゲートボールやちょっとした催しが出来るほどの広場になっている。

その広場で少年たちは、最初は花火などをして遊んでいたが、段々と騒ぎがエスカレートしていき、しまいには鎮守様の社《やしろ》から太鼓を引っ張り出して敲《たた》き始める始末であった。

住宅地から少し離れた場所にある鎮守様なのだが、その騒ぎっぷりは住宅地の方まで聞こえていたという。

少年たちが広場に持ち出した太鼓を敲いて騒いでいると、鎮守様の裏手から白い狐が突然現れた。少年たちは、いきなり現れた白狐に最初こそ驚きはしたが、他の遊びに飽きていたのか、今度はその白狐を追いかけて遊び始めた。

深夜の鎮守様に突如として現れた白狐——普通であれば、どう考えてもシチュエーション的には怖いと思うのだが、そこはやはり若気の至りなのか？　それとも度胸試しと考えていたのだろうか？　とにかく複数の不良少年が集まれば怖いもの無しである。調子に乗って白狐を追い回し続けた。

ところが、少年たちの内の一人が急に様子がおかしくなった。突然大声で奇声を上げ、四つん這いになって走り始めたのだ。これには流石《さすが》に他の少年たちも驚き、いつまでも奇行が治まらない少年を見て、段々と怖くなり、パニック状態となった。しかし、このままにしておく訳にもいかず、奇行に走る少年を何とか押さえつけ、深夜であるにも拘らず助けを求めて当院の扉を叩いた。

こんな夜中に何の騒ぎだ、と思いながら玄関に出た父は驚いた。そこには手足が泥だらけの奇声を上げる一人の少年と、その少年を押さえつける数人の少年たちがいた。少年たちから事情を聴いた父は〈これは稲荷様の祟りだ。直ぐに御祓いをせねば！〉と判断し、深夜ではあったが、早急に御祓いを行った。

御祓いが終わると、狐憑きに遭った少年は正気を取り戻したという。

「夜中にえらい目に遭った！」

と父は言って、翌朝の食事の時にこの怪異を私に話してくれた。

この話に至ってはただの狐憑きではなく、深夜に鎮守様で大騒ぎをしていた少年たちに対する、稲荷様の〈祟《たた》り〉であったと言えよう。少年たちからすれば、彼らがやっていた深夜の騒ぎはただの悪ふざけだったかも知れない。だが、神様にとっては深夜に聖域を荒らされた訳で、単なる悪ふざけでは済まされなかったのではないか。

この話を聞いて以後、私は鎮守様が怖くなり、鎮守様の広場で遊んでいても、暗くなる前には帰ろうと意識するようになった。当時、私にとってはそれくらいの恐怖を覚えた話である。

御日待ち

新潟県は日本でも有数の豪雪地である。米所、酒所で知られるが、それは豪雪地であればこそなのだ。春になって雪が解けて、その良質の雪解け水が美味い米を育み、その米と雪解け水で造られる酒もまた善《よ》い酒となる。豪雪地であるが故の恩恵と言ってもいい。しかしその恩恵と引き換えるが如く、冬は寒く厳しいものとなる。特に私の住む南魚沼市は平年でも二メートル近い積雪となり、大雪の歳ともなれば日々の生活も過酷を極める。

そんな厳しい冬を迎える十二月から、我ら越後の山伏は多忙な時期を迎える。十二月に入ると、大黒様を中心とした〈歳神様《としがみさま》〉を信徒さんの家々に配布しながら、年明け一月から始まる〈御日待《おひま》ち〉の準備を始める。

この〈御日待ち〉とは何か？

昔は大半の信徒さんが農家であった。冬は深い雪に閉ざされる新潟県では、何よりも春の暖かい日は待ち遠しいものである。春には善い日が射し、作物が善く育つように、家内が安全であるように、冬の間に信徒さんの各家々に祈願の御祈祷をする。これが〈御日待ち〉である。

この〈御日待ち〉は冬の間に全信徒さん宅分を行う為、歳明けから三月末までの期間が掛かる。そして歳前の十二月から大量の御札や幣束を準備しなくてはならない。冬は山伏にとって極めて忙しい期間となるのだ。

これは、その〈御日待ち〉でお伺いした、ある信徒さんのお宅で私が体験した話である。

会社経営をしているAさんのお宅に、〈御日待ち〉でお伺いした時のこと。当時の私は総本山での修行を終え、山伏として自坊の業務に携わる初めての冬であった。この日、住職である父の都合が悪く、代理として私がAさん宅にお伺いした。当然Aさん宅にお伺いするのも初めてのことであった。

Aさん宅は古い母屋に増築をした外観の家で、母屋には大きな仏壇があり、居間と座敷を隔てる二間幅四枚立《にけんはばよまいだち》の立派な鏡戸《かがみど》がある造りで、一目で旧家の旦那衆であったことが伺えた。

家に入って、出迎えたお婆さんに挨拶をして、先ずは仏壇にお経を上げる。その後、お茶を頂いてから座敷に案内された。座敷の床の間には、お盆に米が山の形に盛られており、〈御日待ち〉の準備がされていた。

「今年は倅《せがれ》さんが来て下さったんですな。初めまして。宜しくお願いします」

とAさん宅の御当主より挨拶を受ける。

その後、座敷から出て行かれ、私一人となり、早速準備をして〈御日待ち〉の御祈祷に取り掛かった。

御祈祷が始まってしばらくすると、座敷内の空気が急に変わった気がした。空気が圧縮されて耳鳴りがするような感覚に見舞われた。そして次の瞬間、背後に何者かの気配を感じた。座敷には私一人。居間と座敷を隔てる鏡戸が開いた音はしていなかった。

古い家なので、鏡戸の立て付けが悪いのは、座敷に入る時に確認している。誰かが鏡戸を開ければ確実に音がするはず。座敷への入口は、他には廊下に面した障子戸があるのだが、障子戸は私の左側の視界にある。故に開けば確実に認識できる。とは言え、妙な気配を感じつつも、とりあえず御祈祷の作法を続けた。

作法が終わる頃、背後に感じていた何者かの気配に変化が出始めた。

パタパタと足音を立てながら、私の周囲を回り始めたのである。その足音はどんどん大きく速くなり、しまいには私の周りを走り始めた。この時、私の眼にはその何者かの姿は見えなかったものの、明らかに子供が楽しそうに私の周りを走っていることが伺えた。

（これはいったい何なんだ!?）と思っていると、子供らしき者の気配が走るのを不意に止めて、今度はまるで遊んでくれと誘っているかのように、私が着ている衣の裾をグイグイと引っ張り始めた。

（やはり、明らかに子供だな。でも幽霊って感じもしないし……。もしかして、これが座敷童子ってやつか!?）と認識し、初めての感覚に戸惑いつつも、なればと心の中で念じた。

（もしかして座敷童子さんかい？　これからこの家の今年一年の幸せを願って御祈祷をするから、申し訳ないけど、少しの間いい子にしててくれるかな？）

するとあれだけ騒がしかった子供の気配は、ひたと騒ぐのを止め、静かに私の背後に座った。

（ありがとう）心の中でそう呟き、私はそのまま〈御日待ち〉の御祈祷を続けた。そして、御祈祷が終わるのと同時に、背後の子供の気配はすっかり消えていた。

〈御日待ち〉の御祈祷が終わったことを告げ、お茶を頂きながら御当主と世間話などを少ししたが、大変気さくで物腰の柔らかな人であった。（なるほど。財産もあって御当主の人柄もいい。こういうお宅に座敷童子が居着くのだな）と思い、その日Aさん宅にて体感した座敷童子であろう者の存在に、何だか妙に納得が出来た。

ちなみに、Aさん宅の方々には、この不思議な体験はあえて伝えていない。信じてもらえるかどうか分からないし、その存在が特に問題をもたらしている訳でもない。ましてや話して変に怖がられたら、それによって座敷童子が出て行ってしまうことも考えられる。

そうなれば座敷童子も可哀相である。

あの日、たまたま自分の存在に気付いてくれそうな若造の山伏が来たもんだから、嬉しくなってついはしゃいでしまっただけなのだろう。故に、この出来事は自分の中に留めておこうと思った——そんな私の体験談である。

不思議な結婚写真

南魚沼市に〈銭淵公園《ぜにぶちこうえん》〉という大きな池を有した公園がある。この公園は〈坂戸山《さかどやま》〉の麓にあり、そこにはかつて戦国武将の上杉景勝《うえすぎかげかつ》や直江兼続《なおえかねつぐ》が幼少期を過ごした〈坂戸城〉という城があった。

この城の城主だったのが、上杉景勝の実父である長尾政景《ながおまさかげ》だ。長尾政景はこの公園内にある大きな池で溺死しており、民衆がこの池へ六道銭を捧げて供養したことから、池の名が〈銭淵《ぜにぶち》〉と呼ばれるようになった。現在では周辺は整備され、〈銭淵公園〉と呼ばれる綺麗な公園となり、春は桜の名所として見物客も数多く訪れている。敷地内には直江兼続の資料館も建てられており、市内の観光スポットの一つとなっている。

これから語るのは、この銭淵公園で実際に起こった不思議な写真に纏わる話である。

ある日、写真屋に勤めている知人の女性から、とある写真を見てもらいたいと連絡があり、その店にお伺いした。その写真というのが、〈銭淵公園〉で撮影されたものであった。公園内の池の周囲は桜並木があったり、芝生が敷かれた広場があったりと、晴天であれば集合写真などを撮影するにはもってこいの場所である。

「それで、見てもらいたい写真がこれなんですが……」

と差し出された一枚の写真。それは、結婚式の集合写真であった。新郎新婦を中心に、やや斜め上のアングルから撮られたもので、被写体の全員が少し上にあるカメラのファインダーに視線を合わせている。

「おかしい箇所があるんですけど、分かりますか？」

写真をよく見る。するとおかしなことに気が付いた。写真の右側に写っている制服を着た親族の女子高生は、スカートから下の左脚が写っていない。しかし、これだけでは心霊写真であるかどうかは、私の力では分からない。

「確かにあまり気持ちのいい写真とは言えませんが、カメラの誤作動でこういう写真はよく撮れるもんですよ」

と私は写真屋店員の知人に言った。

「店長もそう言っています。でも、この写真も見て下さい」

知人はもう二枚の写真を差し出してきた。二枚とも先程と全く同じ写真のように見える。しかしよく見ると、一枚は先に見た写真と同じで、女子高生の左脚が写っていなかったが、もう一枚は女子高生の左脚が消えていない、ごくごく普通の集合写真であった。

ここで私は、ある違和感を覚えた。三枚見せられた写真は全て同一のカットで撮られたもので、その内の一枚は何の違和感もないごく普通の結婚式の写真である。あとの二枚が女子高生の左脚が写っていない写真なのだ。何故三枚の写真を見せたのか？　仮に別のカメラでもう一枚同じカットを撮ったのであれば、比較の為に見せる写真は一枚ずつでいい訳である。左脚が写っていない写真をわざわざ二枚用意する必要はないだろう。

「石動さん、今おかしいと思っています？　何故三枚なのかって？　実はこの写真、同じカットの写真をデジカメ二台、フイルム式のカメラ一台、計三台のカメラで一枚ずつ撮影したんです。でも、別々のカメラで一枚ずつ撮影したのに、デジカメで撮影された写真二枚は左脚が写っていないんです。確かにカメラの誤作動って説はあるかも知れませんが、別々のデジカメで撮った二枚が同じように左脚が写っていない……これでもカメラの誤作動って言えますか？」

そう言われ、三枚同じカットの写真を見せられた理由がそこで分かった。

この頃は、ちょうどフイルム式のカメラからデジカメへ世の中がシフトチェンジしていた時期に当たる。当時、心霊写真みたいなモノが撮れたので見て欲しいという依頼が急激に増えていて、それも全てデジカメで撮影された写真ばかりであった。

（心霊＝電磁波・プラズマ＝電気に影響を与えやすい＝デジカメは心霊写真が撮れやすい）

私は、当時こんな仮説をたてていたのだが、この日私の中で仮説が真実に近づいた。デジカメ二台が同じ誤作動を起こして同じ写真を撮るのか？　そんな現象はほぼ有り得ない訳で、そうなるとこの結婚式の集合写真は、心霊写真と言わざるを得ない。

「実は、新郎新婦に今回の経緯を説明してこの写真を見せたのですが、どう考えても心霊写真としか思えないし、左脚の写っていない人は親族だから、心配なので御祓いが出来る人を知らないかと言われまして……それで石動さんに連絡した次第なんです」

と写真屋店員の知人に言われた。

しかし、私の力ではこの写真が心霊写真と断言することは出来ず、霊感の強い同業の先生に、後日この写真を見せた。

「なるほど。銭淵公園で撮った写真か。今でこそ整備されて綺麗な公園になっているが、あそこは昔から何とも気持ちの悪い、曰く付きの場所だから……。池の周辺には幽霊が出るとかって話も聞いたことがある。たまたま霊がこの女子高生の左脚のところにいて、デジカメだけがそれを捉えたって感じだな。霊は電磁波とかに反応しやすいからね。一応御祓いはした方がいいと思うよ」

先生からは、そんなことを言われた。

翌日、その場所に私は自ら足を運んでみた。

なるほど、先生のおっしゃった通り、見た目は綺麗に整備された公園ではあるが、写真を撮影した場所に行ってみると、何とも重苦しい空気を感じた。私は写真の撮影された場所に、その地の霊を供養する為、お経を上げて帰った。

後日、写真屋店員の知人の紹介で、写真の新郎新婦とお会いし、左脚の写っていない女子高生に何も起こらないように、今後の夫婦生活が円満であるようにと御祈祷をさせて頂いた。その後、特に問題が起こったという話は聞いていない。

この件をきっかけに、当時の新郎新婦である藤原さん夫妻のお宅とは、年に一回家内安全の御祈祷をする間柄となり、現在もお付き合いをさせて頂いている。

左腕を切られた悪霊

この話は、今から二十年以上前、修験僧侶としてまだ駆け出しの頃に関わった案件で、（これは命を落とすかも知れない）と本気で思った、自身の体験談でもある。

私がまだ二十代半ばの頃、知人の女性から電話があった。その女性、Mさんの話はこうであった。

「今付き合っている彼氏がいて同棲をしているんですが、数日前から彼の様子がおかしいんです。明らかに何かに取り憑かれているんです。彼が車を運転していたら突然コントロールが利かなくなって、大事には至らなかったけど、事故を起こしてしまって……危なくて仕事にも行けない状況なんです。何とかしてもらえませんでしょうか？」

その後もMさんから事情を聴く為、電話を続けていたが、突然電話越しに男の低い声で、

「やめろ！　こいつに関わるな！　関わったらお前を殺す！」

などと物騒な言葉が聞こえてきた。私はMさんに訊いてみた。

「すみません、その彼氏さんは今一緒にいますか？　さっきから電話越しに男性の声が聞こえるのですが、彼氏さんが何か喋っているんですかね？」

「はい。彼は今一緒にいます。でも、黙ってて何も喋ったりしてはいません。それどころか、私が石動さんと話している姿を、震えながら部屋の隅で見ています」

私は（これは相当ヤバイ奴が取り憑いているな）と確信した。そしてMさんの彼氏であるTさんに電話を替わってもらい、覚えている範囲でいいからと、事の発端を訊いてみた。

Tさんは話し始めた。

「実は、先日車で友人の家に遊びに行ったんですが、そこへ行くには○○峠を通らないと行けないんです。その峠は事故が多いことで有名なんですが、友人の家からの帰りに、その峠の事故がよく起こるカーブに差し掛かったら、カーブの端に血まみれの中年男性の幽霊が立っていて、そいつと目が合ってしまったんです。その瞬間『お前を連れていく』っていう男の低い声が頭の中に響いたような気がして……。その日は無事に家に帰れたんですが、翌日から妙なことが立て続けに起こるようになりました。たぶんその男の幽霊に生命を狙われているんだと思います」

そんな話をしたのだが、その間にも前述と同様に、

「やめろ！　関わったらお前も殺す!!」

などと、男の低い声が頻繁に聞こえてきた。

私はその頃、霊祓いは何度か手掛けたことはあったが、電話越しに話してくる霊は初め

てだった。流石に経験したことがない状況に直面すると、私も恐怖を感じずにはいられなかった。正直な話、断ることも考えたが、Tさんの状況を考えるとそんなことを言っている猶予はないと思い、腹をくってこの霊祓いの依頼を引き受けることにした。とは言え、こちらも勤め人であるため、二日後の土曜日にTさんを連れて当院へ来るようにとMさんに伝えて、その日は電話を切った。

約束の日の朝、Mさんから電話があった。

「すみません、そちらに行きたいのですが、彼が行かないと言って拒否をしてましして……というよりは既に彼が霊に乗っ取られている感じで、取り憑いてる霊がそちらに行くのを拒否している状況なんです。どうしましょうか？」

とのことである。状況がかなり深刻なので、無理矢理にでも連れて来られないか、と言うと、

「分かりました。何とかしてみます」

Mさんはそう言って電話を切った。

三時間後、約束の時間を大幅に過ぎて二人は当院にやってきた。彼氏のTさんは、手足を縛られて、まるで拉致でもされて来たかのような格好で、車の後部座席に乗せられていた。Mさんは体格のいい女性で、逆にTさんは小柄な男性、何とかするとは言っていたが、

まさか手足を縛って無理矢理連れて来るとは……Mさんのパワーと行動力には驚かされた。それだけ状況が深刻であり、必死であったことが伺える。だが、そこから当院の本堂にもすんなり入ることが出来ず、二十分かけてようやく本堂に入って頂いた。

本堂に入ったのと同時に、Tさんが拒否をしなくなった。と言うより、取り憑いていた霊が姿を隠したのか？　Tさんは自分の心を取り戻し、正常な状態になっていた。

直ぐに準備を始めて、御祓いに取り掛かった。御祓いが始まれば悪霊の類いは暴れたり苦しみ出すものなのだが、やはりこの時も御祓いが始まってしばらくすると、Tさんに取り憑いている霊がもがき苦しみ始めた。中盤にはTさんが気を失った為、ここぞとばかりにご本尊にお経を上げた。その際、私の左腕に激痛が走り、(霊が攻撃してきたな) と思ったが、痛みを我慢してお経を上げ、何とか御祓いを終えた。

しばらくすると、Tさんは目を覚ました。Tさんは、

「ありがとうございました。ここ何日も自分が自分でないような日々でしたが、今は久しぶりに自分自身を取り戻した気がします。すごくスッキリした気分です。本当にありがとうございました」

と言っていた。とは言え、私にも攻撃をするくらいの悪霊なので、しばらく油断せずに様子を見るように伝えて、その日は帰って頂いた。

私の左腕が異常に痺れていたのが少し気になってはいたが……。

やはりその不安は的中した。御祓いを行った日から、何故か私は日に日に体調が悪くなっていった。身体が重く、特に胃腸の調子が悪い。胃をギュッと握られるような感覚が度々起こり、その度に激しい吐き気に見舞われる。そんな症状が日に日に酷くなっていった。私の経験からして、これは霊障の類いではないかと思っていたが、辛いのを我慢して、何とか平素は会社勤めには行っていた。

一週間後、Tさんから連絡が来た。

「御祓いを受けてからは特に何もなく、平穏だったんです。でも、昨日の夜にまたあの男の霊が現れて……よく見ると、あの男、左腕が無いんです。それで、物凄い形相でこちらを睨んでこう言いました。『よくもやってくれたな！　お前が受けた御祓いのせいで、不動明王に左腕を切られた！　もう許さない！　お前も、御祓いをした坊主も、二人まとめて殺してやる‼』と――。どうしたらいいでしょうか？　助けて下さい‼」

と言われ、正直もう自分では手に負えないと思い、現在の南魚沼市内にある同じ宗派のお寺で、多くの霊祓いの実績と経験があるS先生のところに電話をした。

事情を説明するとS先生は、

「なるほど。大変な目に遭ってるね。今電話で話してるだけでも、あんたも霊の影響を受けているのがよく分かる。そのTさんの御祓いは私が代わってやるけども、当日はあんたにも手伝ってもらうよ」

そう言われ、私も助法（導師が作法中にお経を唱えたり、必要な法具などの準備、受け渡しなどを行う役目）に加わることを条件に、代わりに御祓いをしてもらうことを了承して頂いた。

それから一週間後、S先生のお寺の別院へMさん、Tさんに来て頂いた。この日は、先回当院で御祓いをした時とは違い、Tさんは御祓いを拒否することもなく、すんなりとS先生の別院まで来ることができたようで、S先生曰く、

「あんたの御祓いが効いてる証拠だ。お不動さんに左腕を切られて、この霊は力が弱くはなっているんだ。ただ、その怨念が凄まじいが故に、しぶとくTさんに付きまとってはいるが、この一週間、Tさん本人には直接手出しは出来ていないはずだ」

とのことであった。

Tさんにこの一週間の話を聞くと、S先生がおっしゃる通り、悪霊が「許さない！　絶対に殺す！」と言ってはくるが、直接何かをされることもなく、憑依される現象も起こっていないとのこと。更にS先生は、

「ただ、今は霊の力が弱まっているから何も出来ないだけで、このまま放っておけば力が

回復して、宣言通りTさんやあんたを殺しに掛かってくるだろう。だから今日でキッチリ終わりにしないと。あんた、しっかり助法を頼むよ！」

と言って、私に気合を入れて助法をするように発破を掛けてきた。流石に私も気合を入れざるを得なかった。

そして御祓いが始まった。私も必死でお経を唱える。

それはS先生がTさんの背中に向かって法術を施している時であった。

Tさんの背中に突然、むくむくと顔が浮かび上がってきた。その顔はまるで、ムンクの名画『叫び』のような、苦悶に満ちた表情をしていた。そのあまりにも凄まじい表情に、私は怯んでしまった。お経に込めていた気が一瞬揺らいでしまう。

次の瞬間、Tさんの背中に浮かんだ霊の顔と目が合ったかと思うと、その顔が私の方に向かって飛んできた。

「ウワッ‼」

驚いていると急に背中が重くなった。S先生の法術から逃げた霊は、今度は私に取り憑こうとしてきたのだ。お経に力を込めて私も必死に抵抗する。

すると、S先生が法術の手を止め、私の方に振り返った。

「霊が今度はあんたに取り憑こうとしているね！　今からあんたの御祓いをするよ！

こっちに来なさい！　早くっ!!」

　こちらに背を向けているにも拘らず、今の状況が全て分かっているS先生に驚きつつも、今度は私がS先生からの御祓いを受けることになった。

　それを受けていると、急にスッと身体が軽くなった。

「よしっ、離れた。あとは供養して霊を成仏させるよ。しっかりお経を上げてくれよ！」

　とS先生から言われ、供養のお経を一緒に唱えた。お経の終盤にもなると、あの霊の気配は全く感じなくなっていた。本当に凄まじい御祓いであったと共に、初めて私以外の僧侶が行う法術を目の当たりにして、大変勉強にもなった。

　Tさんも、今回の御祓いで全てが終わったと本能的に確信している様子であった。とにかく無事に全てが終わったが、念の為、一週間後に一度こちらへ連絡をするように、Mさんと T さん両人に伝え、その日は帰って頂いた。

　一週間後、Tさんから連絡があった。

「先日は、ありがとうございました。お陰様で、御祓いを受けてからは何も起こっていません。近くにあの悪霊がいる気配も全くありませんした。ご心配をお掛けしましたが、もう大丈夫です。本当にありがとうございました。S先生にも宜しくお伝えください」

　とのことで、この厄介な案件は一件落着した。

後日S先生に、あの時、何故私に御祓いの助法をさせたのか訊ねてみた。

「あんたは多少なりとも霊感があるようだから、そのせいで霊障をもらい易い体質なんだ。私もそのせいで、若い時は御祓いをする度に霊障をもらって、身を削りながらやってたんだが、それではこちらの身がいつかもたなくなる。そうなってからでは遅い。だから私のやり方を見てもらって、今後に役立てて欲しいと思った訳だ。それにあんたの家系は声がいいから、響きと力のあるお経が唱えられる。それは大きな武器なんだ。だからやり方さえ分かればどんな霊にも対応出来る。それだけのセンスをあんたは持っているんだ。

それと、除霊は祓うだけではまた戻ってくる。祓ったら供養もしっかりやらないと、霊は成仏しないんだ。あんたは今まで祓うことはしても供養まではしてなかったんじゃないか？　それでは今回の案件のように、祓ったものが戻ってくることもある。怨念の強い悪霊なら尚更だ。供養もしっかりやるようにしないとな。まぁ、また何かあったらいつでも相談しなさい。私に教えられることは出来る限り教えるから」

と大変有難いお言葉を掛けて下さった。

以後、S先生からは色々と伝授して頂き、教えのとおり除霊の時は、祓った後に必ず供養もするようにしている。私の除霊の考え方を大きく変えた、大変貴重な体験であった。

冬仕事

豪雪地あるあるだが、豪雪地の農業、建築業、建設業に従事する人たちは、冬になると雪に関係した仕事に就くことが多い。昔これらの仕事に従事する人たちは、冬の期間は雪の降らない他県に〈出稼ぎ〉に行ったものである。しかし、半世紀くらい前からは、雪を利用した産業が生まれ、スキー場や道路除雪、またはそれらに関連する〈冬仕事〉というものが雪国に定着した。それにより、豪雪地における〈出稼ぎ〉という概念は、現在ではほぼ無くなりつつある。

これは新潟県南魚沼市在住で、建築関係の仕事に従事している男性、石田さんが冬仕事で同市内のとあるスキーリゾートホテルの夜間警備員をしていた時に体験した話である。

今から十七年前、石田さんは建築関係の職に就き、その年初めて冬仕事というものに就いた。それまでは工場勤務で、冬仕事とは無縁だったが、転職先が冬の期間は解雇の状態になる建築関係の会社であった為、冬仕事に就く事を余儀無くされたのである。

初めて選んだのは、某スキー場にあるリゾートホテルの夜間警備員で、警備会社に所属してホテルに派遣される形式であった。この仕事を選んだ理由は、夜間警備なので時給が高いこと。それと、柔道三段の石田さんの経歴を活《い》かせる仕事だというのも、選んだ理由の一つであった。案の定、柔道の経歴を見込まれて即採用となり、十二月の半ばになると夜間警備員としての冬仕事が始まった。

主な仕事は、夜のホテル館内及び付随施設で、決められた時間に巡回を行うものである。ホテル自体は三つの建物からなり、一番古くて洒落た洋館風の外観を持つA館、A館よりも少し新しくて一〇〇室ほどの部屋があるB館、一番新しくて四〇〇室以上の部屋を有するC館で構成されている。宿泊客が多い日ともなれば三つの館がフル稼働の状態になるが、宿泊客が少ない時はA館、B館はクローズの状態となり、メイン館であるC館のみが営業する形態がとられていた。

したがって週末や学生の修学旅行などの団体宿泊客が入った日、スキーの大きな大会が行われる日などは四、五人での警備体制となるのだが、平日は基本的に警備員は二人体制となる。A館とB館の担当者、C館の担当者とに分かれて、それぞれに巡回を行い、定期的に無線で連絡を取り合う。また、何かあったら相互に無線で連絡して、各館内や付随施設の異常の有無を報告し、必要に応じてヘルプに行く体制をとっていた。

とは言え、A館とB館が稼働するのはシーズン中の半分くらいで、残りの半分はクローズの状態となる。二人体制の日がかなり多かった。

なお、クローズの日は館内の照明は点いておらず、所々にある非常灯の明かりが点いているのみである。真っ暗な館内を懐中電灯の明かりのみで巡回しなくてはならず、ビビリな者にはとても出来ない仕事と言っていい。

この日、石田さんはA、B館の巡回担当で、平日の為、両館内はクローズの状態であった。真っ暗な館内は静寂な空気に包まれている。

(相変わらずクローズの夜は不気味だな……)そう思いながら巡回業務を始めた。

ところで、巡回には〈刻時計《こくじけい》〉を必ず持って行くことになっていた。刻時計とは、巡回ルートの各所に鍵がぶら下げてあり、その鍵を時計に挿して回すと、中にあるロール紙に巡回時間が印字される、というものだ。全ての巡回が終わって退館する時には、巡回時刻が印字されたロール紙を支配人に渡すことになっている。従って巡回ルートをごまかしたり、さぼったりすることは出来ないようになっていた。

それは、A館のフロントの横にある売店を巡回している時に起こった。石田さんは売店内にある鍵で刻時計を打っている時、売店の外に突然、何者かの気配を感じた。

売店から外の廊下に目をやると、A館とB館を結ぶ長い渡り廊下があって、B館側の方から、ホテルの浴衣を着た長い髪の女性が歩いて来た。女性は石田さんに軽く会釈をして、そのままロビーがある方角に向かって廊下を歩いていった。

その女性は長い髪がびっしょりと濡れていたという。石田さんは一瞬驚いたが、会釈をされたので会釈を返した。しかし、顔を上げると既に女性の姿がない。

次の瞬間、（これはおかしい！）と思い、直ぐに売店から廊下に飛び出したが、どこを見ても女性の姿は見当たらないのである。（嘘だろ⁉　そんなこと絶対に有り得ない‼）

石田さんが女性に会釈をして売店を飛び出すまで、ほんの三秒ほどであった。普通に歩いていれば、女性はまだロビーにいるはず。しかし、ロビーに女性の姿はなかった。

ロビーを奥へ進むと、C館へと続く渡り廊下があるのだが、歩いて三秒でそちらの渡り廊下に入るのは不可能で、どう考えても十二、三秒は掛かる。

（今の女性はいったい何者なんだ？）そこで石田さんはあることに気が付いた。

B館から歩いて来たはずの女性の足音が、全く聞こえなかったのである。ホテルの浴衣を着ていたが、ホテルのスリッパを履いて歩いているのであれば、ペタンペタンという独特の足音が聞こえるはずなのだ。

だが、そんな音は全く聞こえなかった。ましてやクローズの状態にある館内は、裸足で歩いても、ペタペタという足音が聞こえるくらいの静けさである。おまけに、この真冬に廊下を裸足で歩くお客様などいるはずがない。というよりも、そもそもクローズ中の館内にお客様がいるはずがないのだ。言いようもない恐怖が石田さんを襲う。

（あの女、もしかしてこの世のものじゃ……）

そう思うと、背筋が凍るほど寒くなった。そして、石田さんはここでもう一つ嫌なことに気が付いた。巡回経路が決まっている為、これから女性が歩いて来た渡り廊下を通って、B館の方へ巡回に行かなくてはならないのである。石田さんは恐怖のあまり、業務に戻るのを躊躇《ため》わずにはいられなかった。

しかし、仕事なのでここで逃げる訳にもいかず、その後は勇気を振り絞って何とか巡回を再開したものの、小走りで業務を行った。その為、後で刻時計の打刻時間を上司に見られた際に「巡回の時間が早すぎる！」と怒られた。

石田さんがホテルの夜間警備の冬仕事に就いたのはこの一シーズンのみで、翌年からは建築関係の会社が冬期解雇をしなくなった為、通年勤務になったとのことだ。

実は翌年もその警備会社から、冬仕事に来ないか、と誘いがあったが、石田さんは丁重にお断りしたそうである。

スキーリゾートホテル

この話は〈冬仕事〉の体験者である石田さんが、同じホテルのC館で遭遇した出来事である。

C館の警備担当者は、深夜十二時にC館の大浴場を点検して、その入口の鍵を閉めることになっている。大浴場の入口は一つで、進んで行くと行き止まりの両サイドに、男性用大浴場と女性用大浴場の、それぞれの入口がある造りになっていた。故に、点検後に施錠する入口は一ヶ所となっている。

男性用大浴場は、ごく普通に入ってお客様や忘れ物の有無を点検出来るのだが、女性用大浴場はそうはいかない。施錠の三十分前くらいから大浴場の入口前に〈入浴終了〉の札を立てて、新たな入浴客が入ってこないようにさせ、それ以後に出てくる女性の入浴客に、

「すみません。あと何人入っていますか？」

と声を掛けて、残りの女性入浴客の人数を訊く。最後の女性の入浴客を確認したら、女性用大浴場の入口から、

「警備員ですが、女性のお客様は残っていませんか!?」

と大声で二、三回声掛けをする。

それで返事がなければ中へ入る、といった流れで点検業務を行わなければならない。万が一、女性のお客様が残っているところに入って行こうものなら、痴漢行為でクビになるどころか、下手をすれば警察沙汰になってしまう。なので女性用大浴場に入る時は、マニュアルをしっかり守って、入室は慎重に行わなければならない。

その日、石田さんはC館の警備担当で、前述の大浴場の施錠も業務に入っていた。いつものように施錠の三十分前には入浴終了の札を立てて、以後の入浴客は入れないようにしてから、入浴中のお客様が出るのを待っていた。

施錠の十五分前には、男性用大浴場に入って残りのお客様の人数を確認し、女性用大浴場は出てくる女性客に残り何人かを聞いて、施錠の準備をしていた。施錠五分前には男性用大浴場が誰もいなくなったのを確認し、その時点で女性用大浴場の残り客が二人であることも湯上がりの女性客から聞いていた。

(あと二人か……)と思っていたところに、湯上がりの女性客二人が出てきた。

「すみません。大浴場の施錠の時間なのですが、女性のお客様は中に残っておりますでしょうか?」

「私たちで最後です。他には誰も残っていませんよ！」

と返事が返ってきたので、石田さんはいつものように大声で、

「警備員ですが、女性のお客様はいらっしゃいませんか⁉」

と二回声掛けをした。

最後の女性客の言うように、誰も残っていないようである。声掛けにも返事がない。（大丈夫だな）と思った石田さんは、少し警戒しつつ女性用大浴場の脱衣場に入った。

次の瞬間、

「うわ‼　申し訳ありません‼」

大きな声で謝り、その場から逃げ出す石田さんの姿があった。なんと、脱衣場にいないはずの女性客がまだ一人残っていたのだ。しかも全裸で……。

女性は脱衣場のロッカーに向かって、こちらに背を向ける形で立っていたのだが、後ろ姿とは言え、バッチリ裸を見てしまったのである。

（マジかよっ⁉　事務所にバレたらクビだよ……。でも、綺麗な裸だったな〜）などと思いながらも、とにかく出てきたら改めて謝罪しようと、出口で女性客が出てくるのを待っていた。

しかし、その後、五分、十分と経っても残っている女性客が出てこない。ここで石田さ

んはある違和感を覚えていた。脱衣場に入る直前、二回も大きな声で声を掛けたのに、入って直ぐの脱衣場にいた女性客は返事をしなかった。それに、女性客の髪は濡れていたので、ロッカー前に立っていたということは服を着て出てくる為のはず。なのにロッカーを開閉する音やドライヤーで髪を乾かす音が聞こえてこない。(これはもしかして……この世の者じゃないのか?)と思い、恐る恐るもう一度声を掛けた。

「すみません! 警備員ですが、大浴場の閉館時間です! 脱衣場に誰かおりませんか⁉」

渾身の大声で声掛けをしたが……やはり返事はない。こうなると石田さんもだんだん恐怖心が湧いてきた。しかし、いつまでもこのままという訳にもいかない。

「失礼いたします!」

石田さんは意を決して脱衣場に入ってみた。だが、脱衣場には誰もいなかった。念の為、もう一度大声で声掛けをして浴室にも入ってみたが、やはり誰もいなかった。

ゾッとした石田さんは大慌てで脱衣場の忘れ物をチェックして、逃げるようにその後の巡回業務に戻ったとのことである。

この話を聞いた時、石田さんはこんなことを言っていた。

「いやね、普通の人なら、この状況って怖いと思うんですよ。でも、警備員の仕事をしていると、こういう時って、何だよ！　幽霊かよ‼　って逆にホッとしたりもするんです。だってあの時、本当に人間の女性が裸でいたなら、私はクビどころか、下手したら逮捕ものですからね！　それに、警備中に物音がして、もしそこに人間の不審者がいたら……最悪、襲われたりして、こちらの命も危ないかもしれない訳ですから。幽霊はそこまでしてきませんし、一瞬の恐怖は確かにありますけど、実際に人間がいる恐怖に比べたら全然マシですよ‼」

更に石田さんはこうも言っていた。

「あの時に見た、幽霊であろう女性の裸。透き通るような真っ白な肌で、あんな綺麗な女性の裸を見たのは、あれが最初で最後ですな。今でもハッキリと瞼に焼き付いてますよ‼」

と少し嬉しそうに話していた。

漢《おとこ》の性《さが》とは何とも困ったものである。

四十九日

仏教の思想に（四十九日）という考え方がある。死者の魂があの世に行く前に四十九日間現世に留まり、その間七日毎に（十三仏尊）の内、不動明王《ふどうみょうおう》、釈迦如来《しゃかにょらい》、文殊菩薩《もんじゅぼさつ》、普賢菩薩《ふげんぼさつ》、地蔵菩薩《じぞうぼさつ》、弥勒菩薩《みろくぼさつ》、薬師如来《やくしにょらい》の順で、各仏様の裁きを受け、最後に閻魔大王《えんまだいおう》により三途の川に導かれ、あの世へ行く。

これはあくまでも仏教の教えであり、本当にそんなことがあるのかどうかは死んでみなければ分からない。もちろん私とて死んだことがないので、この四十九日の思想が真実かどうかと問われれば、そうだとは言えないのが現実である。

しかし、私の中で（四十九日っていうのは本当にあるのでは？）と思った自身の体験や、それを体験した人の話を聞いたことがある。ここでは私が聞いた四十九日に纏わる話を書きたいと思う。

四十代後半の男性で元介護士の清塚さんが、かつて勤務していた新潟県内の某老人介護施設で、実際に体験した話である。

今から十年くらい前、その施設は十五人のお年寄りが入所しており、清塚さんは日々その世話をしていた。入所しているお年寄りの中に、米田さんというお婆さんがいた。

この米田さん、少し気性の荒いところがあるが、基本的には陽気なお婆さんであった。しかし、アルツハイマー型認知症を患っており、その影響で一度スイッチが入ると、周りが引くほど誰彼構わず当たり散らすことが度々あったそうだ。だが、穏やかな時は面白い話を沢山話してくれることから、清塚さんは比較的仲良くしていたそうである。

二人は日頃からこんな会話をよくしていた。

「清塚さん、私は死んだら必ずあんたの前に化けて出るからな！　覚悟しておくんだよ!!」

「ああ、いつでも出ておいで、米田さん。枕元に盛り塩でもして待っててやるから！」

米田さんは認知症なので、一日に何回もこんな会話をしていた。それでも清塚さんは飽きもせず、「楽しかった思い出の一つなんです」と話している。

そんなある日のこと、午後三時が近くなり、職員はおやつの準備をしていた。おやつは基本的に、食堂に入所者全員が集まって食べることになっており、三時前になると、

「もうすぐおやつですよ～。食堂に集まって下さい！」

と、介護職員が各お年寄りの部屋に声を掛けることになっていた。その日も同様に声を

掛けて回った。次々とお年寄りが食堂に集まる中、何故か米田さんがいつまで経っても食堂に姿を見せない。米田さんの部屋に声掛けをした職員によると、居室内のトイレから、

「は〜い、行きま〜す」

と声がしたとのこと。トイレの電気も点いていたそうで、間違いなく部屋にいた、と言っている。ならば、米田さんにもう一度声掛けをしてみるかと職員同士で話していた時、突然事務所の電話が鳴った。施設管理者〈以後は管理者とする〉が事務所に行って電話に出る。しばらくすると、事務所から管理者が凄い勢いで食堂に駆け込んできた。管理者の顔は真っ青になっていた。何事かと思った次の瞬間、管理者の口から信じられない言葉が飛び出した。

「今警察から電話があって……米田さんらしき人が、川で水死体として発見されたとのことなんです。遺体の写真を持って行くから、身元確認をして欲しいとのことです。でも、米田さんは今部屋にいるんですよね？　確認したんですよね？」

「はい！　部屋のトイレから返事が聞こえたから、間違いなく部屋にいるはずですよ‼」

声掛けをした職員はそう答えたが、警察からの電話が嘘とも思えない。とりあえず、職員全員で米田さんの部屋に行ってみた。しかし、そこには米田さんの姿はなく、それどころか米田さんの部屋に置いてあった旦那さんの位牌も一緒になくなっていた。職員一同が

（マジかっ⁉）と絶句する。急いで事務所に移動し、職員全員で警察が来るのを待った。

数分後、二人の警察官が施設にやってきた。

「どうも、〇〇警察署の者です。突然お伺いして申し訳ありません。電話で話した通り、こちらに入所されている米田さんと思われる女性の水死体が川で発見されまして……それで、米田さんはお部屋にはいらっしゃいましたか？」

と訊かれたので、管理者はいなかったと答えた。

警察官が（は〜！）と深いため息をついてから、写真を二枚出して管理者に渡した。

「どうでしょうか？　こちらは米田さんで間違いないですか？」

職員一同、言葉を失った。それは紛れもなく、米田さんの水死体の写真だった。

「間違いありません。米田さんです」

管理者が警察官に答える。すると警察官から驚きの事実が告げられた。

「そうですか。それで遺体の第一発見者の通報が十四時二十分で、死亡推定時刻となりますと、十四時前後ではないかと思われます。大変失礼なことなんですが、職員の方々は米田さんが施設から抜け出したことに誰も気付かなかったのですか？」

「そんなバカな⁉　十五時前におやつの声掛けをした時には、米田さんのお部屋のトイレからハッキリと本人の声で返事がありました‼　でも、その一時間前に米田さんが施設を抜け出して死んでいたのなら、あの時返事をしたのはいったい誰なんですか⁉　まさか米田さんの幽霊が返事をしたとでもいうんですか⁉」

警察官の問いに、米田さんにおやつの声掛けをした職員が、真っ青な顔になって泣きながら怒鳴っていた。その職員の姿を見た清塚さんは、とても嘘を言っているようには思えなかった、とのことだ。確かに米田さんの返事を聞いたのだろう。でなければ警察官に対して、泣いて怒鳴るなんて考えられない。

結局、遺体の発見された現場に、米田さんの履いていた靴が綺麗に揃えて川岸に脱いであり、その横に位牌が並べて置いてあったことから、遺書はないものの、明らかな入水自殺で、事件性はないということになった。米田さんの遺族から施設への責任の追及を受けることもなく、穏便に後処理や葬儀が行われたそうである。

それから一カ月半くらい経ったある日のこと。その日、清塚さんは夜勤で、いつものように淡々と業務をこなしていた。特に何事もなく全てが順調に進み、早朝四時の見回りを終えると、少し仮眠がとれそうな時間が出来た。ならばと、事務所に椅子を並べて簡易的なベッドを作り、携帯のアラームを掛けて早速横になった。

間もなく眠りに就いた清塚さんは、妙な夢を見たそうだ。夢の中で清塚さんが、施設の廊下を食堂に向かって歩いていると、食堂のテーブルを挟んで向かい合うように誰かが座って、話しているのが見えた。（誰だ？）と思ってよく見ると、一人は見たこともない小柄なスキンヘッドのお爺さん、そしてもう一人は、先頃亡くなったはずの米田さんであった。清塚さんは、思わず米田さんに駆け寄り声を掛けた。

「ちょっと米田さん！　あんたもう死んでるでしょう⁉　こんな所で何やってんの⁉」

すると米田さんが、突然こちらを向いて、清塚さんの顔に向かって右手を伸ばしてきた。

「うわっ！」

と声を上げて清塚さんは目を覚ました。そして次の瞬間、身体が動かないことに気付く。

（うっ、金縛りだ！）

声にならない声を上げた清塚さん。しかし身体が動かない。すると今度は、自分の頭の上辺りに人の気配を感じた。この時清塚さんは、その人の気配は亡くなった米田さんではないか、と思ったそうだ。

（もしかして米田さんかい？　やっと会いに来たんだね。待ってたよ）

心の中で、頭上の人の気配に話し掛けた。もちろん返事はなかったが、何故かその時それが米田さんだとハッキリ分かったそうだ。清塚さんは米田さんの供養の為に、心の中で（南無阿弥陀仏、南無阿弥陀仏……）と何度も唱えた。しばらくすると頭上にあった人の気配はなくなり、金縛りも解けていたそうである。

金縛りが解けた後、冷静になった清塚さんは考えた。何故亡くなってから一カ月半も経ってから、米田さんが自分の前に出てきたのか？　もっと早く出てくれればいいのに、何で今頃？　だが、しばらくして、ふとある考えが浮かんできた。（もしかして？）と思いながらカレンダーに目をやった。

そこで清塚さんは全てを理解した。その日は、米田さんが亡くなった日から数えて四十八日目。四十九日の前日だったのだ。（なるほど。それで出てきたのが今日だった訳か。明日あの世へ旅立つ前に、会いに来てくれたんだな……）と清塚さんは思ったという。

それから更に一週間ほど経ち、清塚さんが日中の勤務の日。その日は管理者から施設の写真整理を頼まれて、事務所のパソコンに保存してある写真の中から、既に亡くなっている人や退所して別の施設に移った元入所者の写真を削除していた。

作業を続けていると、清塚さんが見たことのない、小柄なスキンヘッドのお爺さんの写真が出てきた。更に、そのお爺さんは何故か亡くなった米田さんと二人でよく写真に写っていることに気付いた。

「この人は確か……そうだ！　あの日、夢の中で米田さんと一緒にいたお爺さんだ!!」

清塚さんは、事務所で別の作業をしている古株の職員にその人が誰かを訊いた。

「ああ、この人？　亡くなった米田さんの旦那さんだよ。元々ここには夫婦で入所していたんだけど、清塚さんが入る一年くらい前に、旦那さんが心筋梗塞で突然亡くなってね。それがショックで米田さんのアルツハイマーも進んでしまって……結果あんなことになってしまったって感じかな」

と教えられ、清塚さんは（あの日、もしかしたら旦那さんが迎えに来たのかな？　早く旦那さんに会いたいって、いつも言ってたし……死に方はどうあれ、結局は会えたんだから、それはそれで善《よ》かったのかもな）と思い、胸が熱くなったそうだ。

私はこの話を聞いて、何かいい話を聞かせてもらったような気分でいたのだが、最後に清塚さんはこんなことを言って話を締めくくった。

「石動さん、今いい話だな〜って思ってます？　ただね、一つだけ腑に落ちないことがあるんです。夢の中で米田さんは、私の顔に右手を伸ばしてきたんですけど、お別れをしに会いに来た人が、普通そんなことすると思います？　あの瞬間、私は米田さんに対して親しみなんて微塵も感じなかったんです。むしろ恐怖というか、道連れにされる、って感じたんですよ。石動さん、これ、どう思います？」

などと言われ、私は思わず背筋が寒くなったのを覚えている。

六文銭《ろくもんせん》

仏教に於ける〈四十九日〉の意味は、先の話の冒頭に書かせて頂いたが、これから書くのは、先の話にある種関連した出来事である。

『死者の魂は、亡くなってから四十九日間現世に留まり、七日毎に仏様の裁きを受けて、四十九日目に閻魔大王に導かれ、三途の川を渡る』と先の話の冒頭で述べさせて頂いた。

三途の川が、この世とあの世の境というのは一般的にも知られているところであるが、この三途の川を渡ってあの世に行く為には、閻魔大王に三途の川の渡し賃を払わなければならないと言われている。その渡し賃が（六文銭）である。古くは、死者の棺の中には、三途の川の渡し賃として六文銭を入れていたとか、侍はいつ死んでもいいように甲冑に六文銭を縫い付けていたとかという逸話を聞いたことがあるが、現代に於いて当時の貨幣は存在しない。

よって現代では棺に紙で作った六文銭を入れて、ご遺体と一緒に火葬するのが一般的である。また、成仏出来ない霊の供養をする時は、〈観念〉（心に思い描き念じること）で六文銭を心に思い描きながら供養する。

では、古くから仏式で葬式を出していた家系が、突然新興宗教に改宗して、新たに信仰した宗教の教義に則り葬式を行い、もしご遺体の棺に六文銭を入れなかったらどうなるのか？　また、葬式にて〈観念〉の六文銭すら渡さなかったらどうなるのか？

これは、新潟県の下越地方に在住で、奥様がある新興宗教に入信した老夫婦とその親族の身に起こった〈六文銭〉に纏わる出来事であり、私が実際に関わった案件の話である。


今から十五年くらい前のこと、それ以前に御祓いをさせて頂いたことのある上田さんという男性から数年ぶりに電話があった。

「石動さん、大変ご無沙汰しております。その節は大変お世話になりました。それで、私の親族のことでちょっと相談がありまして、話を聞いて頂きたいのですが……」

電話での話しぶりを聞くと、何やら深刻な感じが受け取れたので、私は話を聞くことにした。その話が以下の内容である。

上田さんの母方の祖父母が、老夫婦二人で暮らしていたのだが、数年前からお祖母《ばあ》さんがとある新興宗教に入ってしまい、先祖代々弔ってもらっていたお寺の檀家をお祖父《じい》さんに内緒で勝手に辞めてしまったそうだ。それで、先頃お祖父さんが亡くなったので葬式を出そうとしたら、そのことが発覚した。しかもお祖母さんは、子供たちに何の相談もせずに、入信した新興宗教の教義に則って一方的に葬式を出してしまった。子供たちは当然憤慨し、抗議したが、お祖母さんは全く子供たちの話に聞く耳を持たず、それどころか「家を出た人間が口出しするな!!」と言って逆ギレまでする始末。お墓も既に別の場所に造っていた為、遺体の火葬後、直ぐにお祖母さんが新しいお墓に納骨してしまったとのことである。

ここまでの話を聞いて（なんて祖母さんだ！　随分と酷い話だな）と思ったのだが、上田さんが実際に困っているのは全く別のことであった。

「母からこの話を聞いて、私も祖母に対しては呆れて物も言えないんですが、本題はここからなんです。母の弟の子供で小学六年生の女の子、つまり私の従妹になるのですが、その子に亡くなった祖父の霊が取り憑いて、叔父に対してこんなことを訴えてきたそうなんです。（あんな訳の分からん宗教の葬式じゃ俺はあの世に行けない。六文銭を持たされていないから、三途の川を渡れなくて困っている。何とか助けてくれ!!）という内容なんです。どうしたらいいですかね？　従妹が昼夜を問わず頻繁にこんなことを口にするもんだから、学校も休ませてるらしいんです。何とか助けてもらえないでしょうか？」

この話を聞いて、私は（そんなことあるの!?）と思い、俄かには信じられなかったが、上田さんは他に相談するところもないので何とか助けて欲しいとのこと。半信半疑ではあったが、困っている人を助けるのが私の使命と思い、この案件を引き受けることにした。

それから二日後、上田さんが叔父さん夫婦と小学六年生の従妹を連れて当院へ来られた。

先ずは座敷に案内し、お茶でも飲みながら叔父さんや従妹の女の子から話を聞こうかと思っていた矢先、女の子が突然泣き出し、私にこう言ってきた。

「山伏さん……俺は六文銭を……六文銭を、持っていないんです。……このままじゃ、あの世に、行けねえんですよ！　山伏さんの、お力で……俺を、あの世に、送って下さい!!」

泣きながら懇願するその声、その口調はとても小学六年生の女の子のものではなかった。明らかに誰かがその子の口を借りて話しているとしか思えない。この時私は、心の中にあった疑いの念を捨てた。これは真実であり、こちらも真剣に向き合わなければ仏さんが成仏出来ないと思ったからである。

参席者全員を本堂へ案内し、当宗派の葬儀の方式に則って私はお経を唱えた。お経を唱えながら、故人であるお祖父さんの下に六文銭を届ける為に、頭の中に〈観念〉の六文銭を描き、その六文銭が届くようにと必死で祈り続けた。

全てのお経が終わり、振り返って供養が終わったことを伝えると、女の子が泣きながら私に話してくれた。

「ありがとう、ございます……。お経が、終わる、ちょっと前に……私の、頭の中に、急に光が……七色の、光が、現れて……お祖父ちゃんが、笑いながら『ありがとう』って言って……光の中に、入って、行きました。多分……成仏、出来たんだと、思います……」

その声は、最初に聞いた声とは全く違い、女の子の声そのものであった。彼女の言葉を聞いて私も何故か救われたような気持ちになったのを、今でもはっきりと覚えている。

それ以後、お祖父さんの霊が上田さんの従妹に取り憑くこともなくなり、叔父さん一家は平穏な日常に戻ったと、後日上田さんから連絡があり、改めてお礼とその後の報告を頂いた。

死後の世界について、世間では色んな話があり、また各宗教で色んな考え方がある。ただ、真実の死後の世界は、誰もが死んでみなければ分からないものである。誰もが死ぬのは怖い。私もそうである。しかし、時にはこの話のように、死者が死後の世界から我々現世に生きる者に対して、何らかのメッセージを送ってくることが稀にあるのも事実である。信じるか信じないかは人それぞれであるが、そのメッセージを信じ、受け止め、解決の為に一心に祈るのが私の仕事なのだと、この体験を通して強く感じたのだった。

弁天様の悪戯《いたずら》

南魚沼市は、〈平成の大合併〉で出来た市であり、私の自坊が旧大和町に属することは既に述べた。しかし、合併から二十年以上経った今でも、四十代後半から上の世代は南魚沼郡旧四町（湯沢町、旧塩沢町、旧六日町、旧大和町）の時代意識が強く、現在でも合併しなかった湯沢町を含めた旧四町で地域分けをする慣習が残っている。

これから書くのは、南魚沼市の旧六日町地区で実際にあった話で、私も案件として直接、関わった出来事である。


南魚沼市旧六日町地区に〈上の原公園〉があり、その園内に〈お松の池〉がある。この池の名前に付いている〈お松〉とは女性の名前だ。どうして池に人の名前が付いているのか？　そこにはこんな逸話がある。

昔お松という女性が、とある〈機織《はたお》り〉の家に嫁いだ。お松の嫁ぎ先の姑は地元でも指折りの機織り名人で、お松はその姑の下で機織りを一から教えられた。姑はお松を一日でも早く一人前の機織り人にしたい一心で、それは厳しく指導をした。厳しい指導ではあったが、姑には嫁憎しという思いなどは全くなかった。名人と呼ばれる自分の跡を継いでもらう為に、あえてそうしていたのである。

しかし、嫁のお松にしてみれば、厳しい姑の教えに心が付いて行かず、はじめは耐えていたが、どんどん疲弊していった。

年月が経ち、お松もその腕を上げてはいたものの、それでもまだ姑の厳しい指導は続いていた。

「もう耐えられない……」

お松の心は限界に達していた。

「この機を織ったら死のう」

そう決意し、お松は精魂込めて最後の機を織った。その機を姑に渡し、姑はそれを街へ売りに行った。

そして、お松は姑が街へ行った隙に、件《くだん》の池に身を投げたのである。

そんなお松の思いを知らない姑は、お松が織った最後の機を売りに行ったところ、思いもよらない高値で売れた。

「ようやくお松も一人前の機織り人になった。今まで厳しくしてきたが、帰ったら心から褒《ほ》めてやろう」

と思い、機嫌よく家に帰ったが、そこにお松の姿はなく、既に池に身を投げていたのであった。以来、そこは〈お松の池〉と呼ばれるようになったと言われている。

現在では、池の周辺一帯は公園となっている。池の中ほどには小島があるのだが、小島に渡る桟橋も架けられ、更には菖蒲園や足湯なども園内に造られて、整備されたお松の池周辺はちょっとした観光地になっている。また、春夏の休日ともなると、池にはブラックバスを狙った釣り人も多く集まり、かつて池で起こった悲惨な出来事を感じさせないような賑わいを見せている。しかしながら、前述の池に纏わる逸話もあることから、ここは古くから心霊スポットとしても、地元では有名な場所となっているのである。


今から二十年くらい前のことだ。初夏のある夕方、知人男性から突然私のところに電話があった。

その知人男性、山口さんが電話で言うには、女友達の祥子さんと一緒にお松の池へブラックバス釣りに行った、とのことである。最初は釣り場に一緒にいた祥子さんだったが、バス釣りに夢中になっていた山口さんを尻目に、釣りをしていない祥子さんは少し退屈になっていた。

「私、池の周りを散歩してくるね！」

そう言って、祥子さんは散歩に出かけた。

祥子さんが散歩に出て一時間近く経った頃、釣りに夢中だった山口さんは、祥子さんがまだ帰ってこないことに気付いた。（遅いな〜。何やってんだろ？）と思った山口さんは、祥子さんを探しに行くことにした。

探しに出てしばらくすると、池の中ほどにある小島の桟橋の袂《たもと》に祥子さんの姿を見付けた。山口さんは祥子さんに近付き、

「探したよ！　何やってんの？」

と声を掛けたが、何やら祥子さんの様子がおかしいことに気付いた。

その時の祥子さんは、ブツブツと何やら訳の分からないことを言ったり、突然叫び出したりと、まるで何かに取り憑かれたようになっていた。驚いた山口さんはパニックになり、どうしていいか分からずうろたえていたそうだが、とっさに山伏である私のことを思い出し、共通の友人に私の電話番号を聞いて電話してきた、とのことであった。

「これから祥子さんを連れて行ってもいいかな？」

と山口さんが言う。

私も緊急性が高い依頼だろうと思い、直ぐに連れて来るように伝えて電話を切った。

程なくして二人が当院に到着した。その時の祥子さんは比較的自分の心を取り戻してお

り、普通に話ができる状態になってはいた。しかし、目は虚ろな感じで瞳の奥が濁っており、これはまだ憑依したものが祥子さんから出ていないと、私は直感した。

ただ、取り憑かれた状態であっても、会話は出来るので、早速祥子さん本人に何があったのかを訊くと、こんなことを話し始めた。

「お松の池で山口さんが釣りをしているのを見ていたのですが、見ているだけだと暇なので、池の周りを散歩することにしたんです。それでしばらく歩いていると、池の中にある小島に架かっている栈橋が見えたんです。（へぇ〜。橋で繋がっているのか）と思って、栈橋を渡って小島の方に行ってみることにしました。小島に渡ってからしばらく景色を見ていたんですが……突然池の中から、『リング』の貞子みたいな髪の長い白装束の女が四つん這いで、すごい速さで私に向かって来たんです!!　余りの出来事に驚きと恐怖で固まってしまったんですが、その女は四つん這いで私の前へ来ると、右手で私の左足首をギュッと掴んだんです。そこから私の中に、もう一人の誰かが入ったような感覚になって、私の意思とは関係なく、訳の分からないことを言ったり、何故か涙が止まらなくなったりして……それから先、ついさっきまでのことはよく覚えていないんです」

先に言っておくが、私は霊媒師ではない。ただの一介の修験僧侶にすぎない。よって強い霊感など持ち合わせていないので、霊媒師のように取り憑いているものが何なのか、直ぐに分かるような能力は持っていない。しかし、祥子さんの話を聞いていて、状況からすると、かつてこの池で亡くなった〈お松さん〉の霊が祥子さんに取り憑いたのだろうと思った。そこで直ぐに御祓いに取り掛かることにした。

その御祓いの最中――。

「うがががっ！　がはあああっ！」

祥子さんが急に大声を出して暴れ始めた。彼女の中に入っていた霊が拒絶を起こして暴れた為だろう。一旦、読経を中断して取り押さえるしかなかった。一緒にお祓いを受けていた山口さんも、驚きと恐怖で顔が青ざめている。

だが、しばらくすると祥子さんは倒れて気を失った。暴れなくなった祥子さんに対して、一気にお経を上げ、気合いを込めて真言を唱える。

そして、何とか御祓いを終えた。

やがて祥子さんが目を覚まし、正気を取り戻した。

「大丈夫ですか？　気分はどうですか？」

「大丈夫です。とてもスッキリしています。感覚的に、取り憑いていたものが出て行った気がします。本当にありがとうございました」

と言うので、（おそらくもう大丈夫であろう）と判断し、その日はそのまま帰ってもらった。

ところが、それから一週間後、再び山口さんから連絡があった。

「今、祥子さんと一緒にいるんだけど、先週と同じような状況で、訳の分からないことを言ったり、突然泣きわめいたりして大変なんだ！　本当に申し訳ないんだけど、また御祓いをしてくれないか？」

という内容で、また直ぐに当院へ連れて来てもらった。案の定、先回と同じような感じで、直ぐに御祓いを始めた。この時も、御祓い後は大変スッキリしたと言って、憑き物が落ちたような顔という表現があるが、正にそんな感じで表情も穏やかになっていた。（今度こそ大丈夫だろう）と思ってはいたものの、また同じことが起きるのではないかとも思い、何かあったら直ぐに連絡をするように言って、その日も二人には帰って頂いた。

それから更に一週間後、山口さんから三度目の連絡があった。ここまで来れば内容の説明はいらないだろうが、また祥子さんがおかしくなったとのこと。これは流石《さすが》にもう自分の手には負えないと判断し、同じ宗派の別のお寺を紹介することにした。そちらで御祓いをしてもらうように私から連絡をして、その同宗派のお寺へ行ってもらった。

しばらくすると山口さんから連絡があり、無事に御祓いが終わったとのことだった。その同宗派のお寺の御住職からは、私も教えを受けていたこともあり、信頼のおける先生である。なのでこちらは（あの先生の御祓いなら大丈夫だろう）と、すっかり安心していた。

しかし、その思いはあっけなく打ち破られる。その一週間後、また私の携帯電話が鳴った。そう、山口さんからの着信である。恐る恐る電話に出た。

「もしもし。もしかして、また出ました？」

と即座に訊いてみた。

そして案の定の回答があった。（あの先生でもダメだったか……）と思いつつも、ある程度はこうなりそうな予感もしていた。その為、別の策も考えていた。

私は山口さんにある提案をした。

「あまり気が進まないかも知れませんが、三人でお松の池に行ってみませんか？ そこに解決の糸口があるかも知れません」

山口さんは隣にいる祥子さんにこの提案を伝えた。やはりそれは怖いと言っていたようだが、説得をしてお松の池の駐車場に集合することにし、双方が池へと向かった。

駐車場に着くと、既に山口さんと祥子さんは着いていた。車を降りて二人のところへ向かう。二人とも不安そうにしていたが、

「何かあったら私が守ります！」

と言うと、少し安心した様子だった。

早速、祥子さんが取り憑かれた当日と同じ足取りを辿ってみた。

「あの小島です。桟橋を渡ってあの小島に行ったんです。そしたら……」

祥子さんはそう言って桟橋を指さしたが、その時の恐怖を思い出したようで、そのまま黙ってしまった。

「分かりました。では自分一人で小島に行ってみます」

そう言って、私は桟橋を渡って小島に足を踏み入れた。

小島には、思っても見ないものがあった。

（なるほど。そう言うことだったのか……）何度御祓いをしても効果が一週間程度しかない、その答えが直ぐに分かった。何故、満足な効果が得られなかったのか？　それは私が祥子さんに取り憑いたものを池に身を投げた〈お松さんの霊〉であると思い込んでいたからである。だが、小島に渡ってみて、それが間違いだったことに直ぐに気が付いた。

では、小島にあったものとは何か？

そこには小さな弁天様の祠があった。

（弁天様、あんた、あの二人に悪戯をしたね⁉）と心の中でつぶやいてみる。弁天様という神様は、女の神であるが故に、カップルが寄るとそれを妬んで別れさせるという言い伝えが昔からある。正直言って、そんな言い伝えは信じていなかったのだが、どうやら本当らしい。今回御祓いをした山口さんと祥子さんが〈友達以上、恋人未満〉の関係で、そんな二人の曖昧な関係性に弁天様が意地悪をしたのだろうと直感した。

原因さえ分かればこっちのものだ。直ぐに小島へ二人を呼び寄せ、私の見解を説明した。

「マジで？」

「そんなことあるの？」

そう言って二人は面食らっていたが、私には間違いないという自信があった。

私は二人に伝えた。

「これからこの弁天様にお経を上げます。二人は私のお経が終わるまで合掌をしていて下さい。それとお松さんの霊も一緒に供養しましょう」

すると、祥子さんがこう言ってきた。

「何故お松さんも供養するのですか？　弁天様の仕業ではないのですか？」

山口さんも頷いている。二人の意見はもっともであったが、私はこう返した。

「確かに弁天様の悪戯であることは間違いないでしょう。しかし、それを実行したのはお松さんです。この地で亡くなられたお松さんの霊は、恐らく弁天様の遣いになっています。祥子さんは『リング』の貞子みたいな女に足を掴まれたと言ってましたよね？　それは多分お松さんの霊です。でも、そうしろと命じたのは、弁天様だと思います。海で亡くなった人の霊は、海の神の遣いになると言います。多分それと同じで、この地で亡くなったお松さんは、この地に祀られている弁天様の遣いになったのでしょう。そもそも、弁天様が貞子みたいな怨霊めいた姿である訳がありませんからね」

そう言うと二人は「なるほど～!!」と納得していた。その納得がこの案件を終わらせる為には一番重要で、山口さんと祥子さんが全貌を理解した上で、一心に弁天様とお松さんに祈ること……それが一番必要なことだという確信が私にはあった。

ともあれ、早速弁天様に向かってお経を上げて、次に池に向かってお松さんの霊を供養するお経を上げた。お経が終わると祥子さんが、私に向かってこう言った。

「もう大丈夫です。何故かって言われると分からないけど、今まで御祓いを受けた後の感じと今回はちょっと違う気がして……自分の中にいたものが、完全に出たっていう感じがするんです」

「これでダメなら、もう打つ手は無しです。でも、これで大丈夫という自信が私にもあります。もう大丈夫ですよ！」

と私が言うと、二人は安心した様子で帰っていった。それでも（また一週間後に連絡が来たらどうしよう⁉）と思わずにはいられなかったのだが……。

それから山口さんから連絡が来ることはなかった。一カ月後、今度は祥子さん本人から連絡があった。

「あれから何も起こっていません。もう大丈夫です。本当にありがとうございました」と言って、その翌日、わざわざ当院までお礼に来て下さった。

しかし、笑顔で現れたのは祥子さんだけで、山口さんは一緒ではなかった。

「山口さんは？」

そう訊ねると、祥子さんの顔から笑みが消え、黙ってしまったので、それ以上は触れないことにしたが、（二人一緒に来ないってことは、恋人にはなれなかったのかな？）と私は思った。

某人気映画に『事件は会議室で起きてるんじゃない！　現場で起きてるんだ!!』という名台詞がある。この話は、正にそのものと言って良いだろう。本堂でお経を上げているだけでは、どうにも解決しないこともある。そんな時こそ、実際に現場へ行き、見たり聞いたり感じたりしなければならない。こちらから行動をしないと解決しないこともあるのだと思い知らされた、そんな一件であった。

あとがき

この度は『新潟怪談』をご購入いただきまして、誠にありがとうございます。普段私はイベントなどで語るのがメインなので、本にするにはどの話にしたらいいのか、相談に乗ってくれた友人の皆様、ありがとう。新潟県内や県外で怪談を語る方々とも、これを機会に色々交流が増えたら嬉しいと思っています。何より戸神先生、竹書房様、この度は貴重な機会を頂き、誠にありがとうございました。

樋口《ひぐち》雅夫《まさお》

新潟県には有名な心霊スポットがいくつもあり、若かりし頃の自分は仕事先の先輩達に、仕事が無い日は朝から「コンビニで弁当を買って、心霊スポットの現場でお昼するからな」と連れて行かれたものでした（笑）。夜も、自分が所有する軽自動車に大人四、五人で乗り、狭い車内で道中、楽しく騒いでいたのを思い出します。今回は、あの頃の思いにふけりながら作品を執筆させて頂きました。これからも精進して参ります。

堀内《ほりうち》圭《けい》

普段は郷土の歴史や伝説の採集をしていますが、個人的に話を聞いたりするだけだった怪談の世界に、二〇二二年からどっぷりとつかるようになり、二〇二三年夏には、怪談師デビュー。いろいろな人との出会いや経験を経て、「怪談」という愉しみの奥深さに、ますますのめり込みそうです。この度は、不思議なご縁で戸神先生と繋がり、このようなお話をいただけたことに感謝いたします。Xも是非フォローしてくださいね。

湯本泰隆《ゆもとやすたか》

ご縁があり戸神さんにご連絡頂き、「新潟怪談」の企画に参加させて頂くことになりました。地元の怪談ということで今回は、新潟で体験した話をいくつか書きました。今も実体験は色々としていて、他の場所で体験した話や心霊写真などもあるので、機会があればどこかでお話ししたり、見せたり出来たら良いなと思ってます。

堀川八雲《ほりかわやくも》

新潟県といえば、海。
群馬県には海がないので、海を見るとはしゃいでしまいます。

記念すべき『新潟怪談』の執筆に参加できて、大変光栄です。

撞木《しゅもく》

本書の出版に際し、人生で初めて、自身の持っている怪談話を文章化した。思った以上に大変な作業であったが、何故か執筆作業をしている間に不思議な体験をすることが、例年よりも多かった気がする。〈怪異を語れば怪異に至る〉という言葉があるが、まさにその言葉通りの期間を過ごした。その間に体験した怪異も、読者の皆様とご縁があれば、またご紹介できればと思っている次第である。読者の皆様とのご縁に、合掌。

石動充徳《いするぎじゅうとく》

『新潟怪談』を書ける方がいない、と竹書房の担当様から伺い、執筆メンバーを探すことから、この企画はスタートしました。私にとっても楽しい思い出が沢山ある新潟県を舞台にした作品集が、一年がかりでようやく一冊にまとまって、うれしい限りです！　このあと刊行予定の単著『里沼怪談』にも御期待下さい！　それでは、魔多の鬼界に！

二〇二四年春　雪の越後を思いながら

監修　北関東の怪物　戸神重明《とがみしげあき》

★読者アンケートのお願い

応募フォームはこちら

本書のご感想をお寄せください。アンケートをお寄せいただきました方から抽選で５名様に図書カードを差し上げます。

（締切：2024 年 5 月 31 日まで）

新潟怪談

2024 年 5 月 7 日　初版第一刷発行

著……………………石動充徳、樋口雅夫、湯本泰隆、堀川八雲、堀内圭、撞木、戸神重明
カバーデザイン……………………………………………………………橋元浩明 (sowhat.Inc)

発行所……………………………………………………………………株式会社　竹書房
〒 102-0075　東京都千代田区三番町 8-1　三番町東急ビル 6F
email: info@takeshobo.co.jp
https://www.takeshobo.co.jp
印刷・製本……………………………………………………………中央精版印刷株式会社